amores humanos, traições divinas

© 2007 All Books®
É proibida a reprodução total ou parcial desta publicação, para qualquer finalidade, sem autorização por escrito dos editores.

1ª Edição
2007

Editores
Ingo Bernd Güntert e Christiane Gradvohl Colas

Assistente Editorial
Aparecida Ferraz da Silva

Produção Gráfica e Capa
Renata Vieira Nunes

Imagem da Capa
Daniel Guimarães

Editoração Eletrônica
Sergio Gzeschnik

Revisão
Christiane Gradvohl Colas

Dados Internacionais de Catalogação na Publicação (CIP)
(Câmara Brasileira do Livro, SP, Brasil)

Motta, Joaquim Zailton Bueno
Amores humanos, traições divinas / Joaquim Zailton Bueno Motta – São Paulo: All Books®, 2007.

Bibliografia.
ISBN 978-85-99893-14-2

1. Afeto (Psicologia) 2. Amor 3. Ensaios brasileiros 4. Filosofia 5. Psicologia I. Título.

07-2075   CDD- 869.94

Índices para catálogo sistemático:
1. Ensaios: Literatura brasileira   869.94

Impresso no Brasil
Printed in Brazil

Reservados todos os direitos de publicação em língua portuguesa à

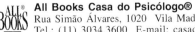

All Books Casa do Psicólogo®
Rua Simão Álvares, 1020 Vila Madalena 05417-020 São Paulo/SP Brasil
Tel.: (11) 3034.3600 E-mail: casadopsicologo@casadopsicologo.com.br

joaquim zailton bueno motta

amores humanos, traições divinas

Deve existir alguma falha abissal, um erro muito importante nas nossas demandas de seres humanos, grande o suficiente para nos impedir de viver com solidariedade, justiça, prazer e paz. Este livro faz uma tentativa de compreender e combater esse impedimento.

DEDICATÓRIA

Ofereço esta obra à Regina, espírito privilegiado, de exponencial nobreza ética, manancial inexaurível de afeto.

A convivência com seu corpo e sua alma intensamente femininos revela exemplos freqüentes de emanação amorosa e motiva meus esforços em expandir as dimensões sentimentais do ser humano.

Sumário

Prefácio, *Cecílio Elias Netto* 11

I - Esteios e Anseios 15

II - Armas e Asmas 21

III - Impulsos e Pulsos 27

IV - Esboços e Esforços 33

V - Crentes e Pensantes 39

VI - Temores e Fervores 47

VII - Fantasiar e Plantear 49

VIII - Rotina Ferina 57

IX - Pulsões em Prestações 63

X - Pulsões em Conexões 67

XI - Referências e Reverências 69

XII - Projetos e Tetos 75

XIII - Seleções e Pressões 83

XIV - Crenças e Sentenças 91

XV - Calvários Desnecessários 97

XVI - Potestade e Paternidade 103

XVII - Fé dá pé 113

XVIII - Distonia e Aleluia 119

XIX - Sedimentado e Amado 123

XX - Tábuas e Estátuas 131

XXI - Rumos e Prumos 135

XXII - Valores e Amores 141

XXIII - Saturnos e Noturnos 151
XXIV - Utopias e Porfias 161
XXV - Fórum e Quorum 167
XXVI - Perversão e Perfeição 173
XXVII - Ternos e Eternos 177
XXVIII - Prazeres e Deveres 185
XXIX - Alegria e Agonia 191
XXX - Magia e Dia-a-Dia 205

Degustando algumas obras, autores... 215

Prefácio

Deuses dançantes e caixa de anzóis

É, este, um livro perturbador. Previna-se, pois, o leitor: quem entrar nele não sairá ileso. Mais ainda, em meu entender: quem não tiver, espiritual ou emocionalmente, seu próprio fio de Ariadne, entrará no labirinto do Minotauro e não encontrará a saída. Pois o livro agarra, enreda, aprisiona e liberta, desestrutura e reorganiza, descontrói e constrói.

Admito que, quando Joaquim Zailton Bueno Motta me convidou a apreciar este seu grande trabalho, assaltaram-me, de início, a lisonja e uma estranheza temerosa. Lisonja pelo convite de profissional tão altamente qualificado e especialista em profundezas humanas a um simples – como o são jornalistas, intelectuais, escritores – "especialista em generalidades. Joaquim Motta mergulha no ventre, nas vísceras da alma. O simples escrevinhador passeia pela epiderme. E a estranheza temerosa eu a compreendi logo às primeiras páginas da leitura desse livro inquietante: o livro é um alçapão. E eu caíra nele.

Confesso minha dificuldade, ainda agora, em comentar a obra. A imagem que me ficou logo ao início foi a de uma caixa de anzóis, aquela que os pescadores carregam em botes e embarcações. Quando se tenta tirar um único anzol, saem todos eles. Ou quase todos. Pois um se engancha no outro, num emaranhado que se não desfaz com facilidade. Minha mulher, comentando comigo essa imagem, lembrou-se da "caixa de escorpiões" freudiana, aquela que, quando aberta, permite que eles escapem e não se mais consiga reuni-los. Amores humanos causam-nos esses emaranhados de anzóis. E traições divinas, picadas, até mortais, de escorpiões.

O fato é que o divino e o humano voltam a se confrontar neste livro de Joaquim Motta. Mas de maneira, a meu ver, nova, numa outra arquitetura e engenharia, como se o escritor tivesse plena certeza quanto às paredes e aos alicerces que buscasse implodir e explodir, reiniciando outra construção. Para, de novo, implodi-la e explodi-la. E recomeçar. E refazer. Como se cada capítulo fosse um rascunho do próximo, um anzol desvencilhado do rolo deles, anzóis da alma.

Joaquim Motta – tentarei dizê-lo com a simplicidade que me seja possível – propõe um projeto humano para a humanidade. Apenas isso. E tudo isso. E, com isso, ele retoma a ancestral consciência humana do Amor, a vocação do homem para o amor humano, talvez o único que realmente nos baste, no singular e no plural. E será impossível, creio eu, deixar de pensar em tempos de retorno, até mesmo em termos nietzschenianos, na luta intelectual de Joaquim Motta para a eliminação, neste livro, do divino em busca de alcançar a plenitude humana.

Ora, Joaquim Motta fez com que se me escapassem muitos dos meus escorpiões da alma e que ela se enredasse no rolo de anzóis, a cada vez que pensei pudesse tirar apenas um deles a partir de cada página deste livro. Caí no alçapão. E, em alguns momentos, tive raiva do autor, pois me pareceu que ele se ria de mim, na simplicidade com que assentava sua lógica ora na poesia de um cancioneiro popular, ora na elucubração sofisticada de um filósofo consagrado. Nos dois, cada qual com sua

amores humanos, traições divinas

linguagem, Joaquim Motta encontrava os mesmos significados e respostas e argumentos. E no-los deu de presente nesta obra que nasce polêmica e que, por isso mesmo, não será ignorada. Seu destino é tornar-se um clássico no gênero. Pois clássico é o livro que não passa em branca nuvem. Este não passará.

O banimento do divino no humano é, talvez, a principal angústia humana. E, também – por que não? – o grande sonho e a grande esperança. Na literatura, ninguém, certamente, como Dostoievski revelou, tão inspiradamente, essa saga humana. No livro *Os Demônios*, o personagem Kirilov, após "a eliminação de Deus", conclui que o homem será, ele próprio, deus e "aquele outro Deus não existirá mais." Em *Os Irmãos Karamazov*, Ivan tem plena convicção da necessidade de "destruir a idéia de Deus no homem" para que, então, surja "o homem-deus".

Joaquim Motta propõe consiga, o humano, ser apenas humano. É a mais ambiciosa das propostas, uma proposta feita de audácias, generosa, enredante, construída com engenho e arte. Deste livro, há que, nietszcheneanamente ainda, dizer ser um livro humano, demasiado humano. Talvez Joaquim Motta pudesse ter deixado uma brecha de conciliação, repetindo as palavras de Zaratustra: "Eu só acreditaria num deus que soubesses dançar." No entanto, acertou em não dizê-lo. Pois, se o tivesse feito, o próprio Nietszche faria a correção, como a fez: "Zaratustra diz que *acreditaria*; mas Zaratustra nunca *acreditará* – não o entendam mal."

Que se cuide o leitor ao lê-lo. Pois não sairá ileso ao término das páginas. É um grande livro. E perturbador.

Cecílio Elias Netto, janeiro de 2007.

I
ESTEIOS E ANSEIOS

Quase diariamente, pergunto-me alguma coisa sobre a evolução humana, o desenvolvimento das nossas histórias. Penso, de modo nem sempre cronologicamente correto, apesar da aspiração em respeitar a seqüência dos fatos, nos vários momentos desse decurso, no que eles representaram para os protagonistas das épocas correspondentes, nas repercussões sobre os circunstantes da atualidade e no que o futuro imediato e mediato trará para nós e nossos descendentes.

Vêm à mente referências implicadas nos hominídeos de milhões de anos atrás, nos ancestrais que não conheciam a agricultura, nos nômades que se movimentavam sem formar muitas raízes, nos antepassados da Grécia que concebiam a mitologia e nos que germinaram a filosofia.

Vou e volto em fatos, imagens, suposições, insisto nas etapas antigas, algumas mais recentes. Mentalizo as populações que conviveram com Jesus Cristo, as pessoas de mau-humor que inspiraram a "bile negra" de Galeno, os vetustos e instigantes sábios orientais, o carisma dos gurus.

Imagino os guerreiros bárbaros, as armaduras de cristãos lutando sob o estandarte das Cruzadas, os samurais de absoluto radicalismo, os mais dedicados frades franciscanos, os médicos da pintura de Rembrandt.

Circulo pela Pompéia antes da erupção do Vesúvio, viajo em carroças medievais, navego em um barco nórdico, incluo-me nos pedestres que se surpreenderam com a nudez de *lady* Godiva, vislumbro um artesão chinês do século XVII decorando peças de porcelana, escondo-me nos jardins de Versailles, espiono as intrigas palacianas, observo a intimidade de um monge budista.

Desconfio da surdez de Beethoven, iludo-me com os enredos do romantismo, repenso a curiosidade sobre o Novo Mundo, admiro a coragem dos piratas, o charme de alguns bandidos heróicos, fascina-me o heroísmo social de Robin Hood.

Aplaudo a genialidade dos cientistas, a inspiração dos terapeutas, a técnica dos cirurgiões, as especulações psicanalíticas. Os alquimistas reciclam suas fórmulas, reaparecem em todos os séculos, a neuroquímica cerebral é desvendada em seus segredos, permite descobertas fulgurantes, a qualquer instante ela pode explicar um mistério da mente ou da conduta.

Idolatro Freud, Jung, Pavlov e outros estudiosos, uns mais recentes, outros mais distantes, no seu trabalho magnífico, lidando com as emoções e os comportamentos. É muito nobre trabalhar com dados cerebrais, perscrutar as informações e conexões mentais, principalmente com a intenção de conferir os conteúdos emocionais que implicam ações e reações que favoreçam os horizontes sentimentais.

Essas quatro referências são diferentes como substantivos: cérebro, mente, emoção e sentimento, mas seus adjetivos repetem-se nas últimas sílabas, todos findados em *al*. Isto pode ser útil ao poeta na hora de burilar suas rimas, mas complica para o cientista. Mais difícil ainda é para o didata que se empenha em passar os conceitos de maneira facilitada e produtiva aos alunos. Já vivi muitas vezes essa dificuldade. Alguns anos de experiência me ajudaram a compor um esquema, combinando a função com a clínica, que veremos no cap. IV.

amores humanos, traições divinas

Gosto de fazer sínteses e resumos, empenhado em transmitir as noções essenciais. Revejo-me aprendendo com um professor particular o tópico principal de uma aula que foi pouco destacado ou ignorado pelo mestre do curso regular. Não quero promover o mesmo descuido com os leitores.

Senti-me inspirado pelo conteúdo das funções intelectuais e afetivas desde minhas primeiras movimentações vocacionais, imaginando ser um psiquiatra, neurologista ou psicólogo. Descobri-me realizado no exercício da medicina, principalmente cuidando dos conflitos emocionais, na diversificada rotina da psicoterapia. E me entusiasmo com a atitude de escrever mais um livro, registrar as idéias para que outras pessoas tenham acesso a elas, conheçam a essência dessas reflexões, repensando seus estilos e sistemas.

No trabalho de escritor que se inspira mais na realidade do que na ficção, entendo que faço com os leitores o que proporciono aos pacientes: esforços para que repensem suas vidas e as aprimorem.

Empolgo-me com as Olimpíadas, reverencio o espírito esportivo, a capacidade sublimadora das boas competições, encanto-me ainda mais com o valor humano das Paraolimpíadas. Os portadores de deficiências físicas despertam-me ansiedades e dúvidas, além de grandes lições. Ensinam-me sobre a subjetividade humana, vicejam amores em circunstâncias odiosas, são mestres em viver bem, afetuosa e profundamente, com suas capacidades restantes.

Em várias oportunidades, cheguei à conclusão incômoda de que as pessoas consideradas normais têm uma grande imperfeição sentimental, um vasto déficit amoroso, quando comparadas às referidas como portadoras de deficiência física.

Os apontados como deficientes são capazes de extensos e intensos vôos idílicos, tiram muito leite afetivo de pouca pedra, fazem amor de alma inteira e até com a parte do corpo que lhes falta. Os ditos normais estão devendo, faltam com amor, são deficitários afetivos em todas as suas dimensões, e fazem amor com meia alma e umas fatias corporais, mesmo dispondo de toda a integridade física.

Repasso alguns dramas das guerras, das torturas, dos grandes sofrimentos históricos. Quisera evitar esses âmbitos, permanecer mais nas nossas virtudes, destacar a bondade, a amizade, a solidariedade, enaltecer as mais excelsas das qualidades humanas, mas os defeitos pressionam, convocam as atenções. São contundentes e inevitáveis.

De inimigos espetados, desidratados ao relento, flechados, escalpelados, trespassados por baionetas, alvejados por diversos projéteis, até os deformados, desintegrados pelas bombas atômicas, os explodidos em ações de terrorismo, chocam-me as cenas sempre muito lamentadas e recorrentes da atualidade e os antecedentes bárbaros das lutas primitivas.

Seria possível uma guerra que não se definisse pela barbárie? Conceberíamos uma luta não primitiva? Os exércitos equipados com os mais recentes sistemas de ataque e defesa, mísseis teleguiados, praticamente infalíveis, aviões invisíveis, munições químicas e biológicas, poderiam a tudo isso renunciar em nome de um valor humano maior?

É curioso imaginar algum artefato que não tenha um reduto químico ou biológico ao funcionar como armamento, isto é, que não seja comparável ao poder de destruição atribuído a uma dita arma "biológica" ou "química". Um disparo banal de revólver – tão indevido e porém tão comum – implica reações químicas e biológicas, tanto na vítima como no atirador. O primeiro

amores humanos, traições divinas

pode ficar ferido ou morrer; o segundo sofrerá, no mínimo, um impacto na mão ou no ombro. Isso sem falar na agitação de mediadores do sistema nervoso, de hormônios, de toda a mexida psicológica nos que permanecerem vivos. Agressão ou solidariedade. Essa antinomia persegue-nos há séculos. Não encontramos ainda a forma conciliatória, o consenso globalizado que nos universalize em sintonizada harmonia e afine-se em ambicionada melodia.

Precisaríamos seguir um modelo, talvez artístico, capaz de mobilizar o enlevo do espírito e contemplar os sentidos corporais. Por exemplo, a arte musical. Ela oferece acordes, emissões de solistas e de orquestras, virtuoses das composições e das execuções, vozes e instrumentos afinados, possibilitando a simultaneidade sonora da harmonia e a sucessão regozijante da melodia.

Tentaríamos uma combinação equivalente à engrenagem da música, ajustando a estática harmônica com a movimentação melódica, inspirados e empenhados, tal como os compositores e os executantes.

As tentativas alimentam as hipóteses, definem as teses e reciclam ambas. Interrompê-las equivale a desistir da vida e acomodar-se na morte.

A Assembléia Geral das Nações Unidas designou este tempo inicial do III milênio (2001-2010) como a "Década Internacional da Cultura de Paz e Não-Violência". Na intenção de definir a prática dessa "cultura de paz", um grupo de laureados com o Nobel esboçou uma ética para o mundo de hoje. O chamado *Manifesto 2000* se compõe de seis pontos:

1) Respeitar a vida;
2) Rejeitar a violência;

3) Ser generoso;
4) Ouvir para compreender;
5) Preservar o planeta;
6) Redescobrir a solidariedade.

Os premiados não se referiram ao amor. Eles e os mais simples cidadãos podemos inconscientemente negar o que mais desejamos e prescindir do que mais precisamos.

II
ARMAS E ASMAS

Temos nos agredido, violentado, destruído bastante, em qualidade e quantidade, de modos vulgares e sofisticados. Por outro lado, temos amado pouco e mal. Estamos nos equipando de armas e consumindo insatisfação. Uma dispnéia afetiva tem sufocado a todos. Poderíamos estar amados e satisfeitos, estamos asmáticos e decepcionados.

O teólogo e filósofo Jean-Yves Leloup convida os leitores a refletir sobre o amor:

> Amamos tão pouco e tão mal, com uma metade ou até mesmo com um quarto de nós mesmos. E amamos, no outro, alguns pedaços escolhidos, aqueles que nos causam menos medo. É tão raro amarmos alguém por inteiro, com aquilo que nos agrada e com aquilo que não nos agrada. É tão raro sermos amados por inteiro, com nossas cavidades de sombra, com nossos dorsos de luz.

Amamos com deficiência, trocamos amor raramente. Essa mediocridade sentimental tem prejudicado e estagnado a evolução humana. Pregamos que só o amor constrói. Porém, as construções amorosas não saem dos projetos teóricos, não se aplicam praticamente. A precariedade amorosa atrasa a educação, reduz o prazer, prejudica ampla e intensamente as melhores projeções do ser humano.

Temos estreitado as fontes e os recursos de saúde, injuriado nossa cultura, frustrado nossa arte, empobrecido nosso saber, decepcionando nossas expectativas, estragando os melhores sonhos da espécie. Chegamos a vislumbrar uma inconcebível escassez de água em médio prazo!

A potencialidade humana de amar seria a arma fundamental para melhorar o nível de satisfação geral com nosso destino. No entanto, temos nos equipado com instrumentos de fogo, recursos belicosos, sustentando climas de guerra ao invés de alimentar a paz. Armamo-nos mais do que nos amamos.

Definições detalhadas sobre as armas que criamos para a manutenção de supostos serviços de defesa são secundárias, quando não desnecessárias. Da catapulta ao míssil, foram desenvolvidas técnicas de aprimorar o lançamento de projéteis, e não superamos a necessidade de colocá-las em ação.

As vivências das guerras, a famigerada segurança pessoal, as polícias para cuidar da coletividade, as lutas de classes, servem de argumentação para que nos armemos. Diante de golpes políticos, onda de seqüestros e crimes diversos, também costumamos arrumar motivos para justificar as armas. Alegações e argumentos que contemplam armas são, no mínimo, referências acessórias. O essencial é entender as razões emocionais mais profundas e determinantes de toda a interação violenta.

A violência pode ser inegavelmente mais brutal quando se recorre a um artefato de maior poder destruidor, mas é sempre cruel, mesmo quando mata um único indivíduo, aquele supostamente adequado e preparado para morrer. Costumamos destacar o bombardeio que trucidou mulheres e crianças, mas desprezamos o que eliminou isoladamente um soldado.

Qualquer ação violenta, uma simples briga de crianças trocando empurrões, tem o peso da crueldade, a marca da carência

amores humanos, traições divinas

de amor, a presença do medo. Os temores decidindo equivalem à maior regressão emocional, estampam a grande fraqueza humana.

Um garotinho de três anos pára de brincar com seu bonequinho de super-herói, derruba o irmão mais novo, jogando-o no chão, arrancando-lhe um brinquedo da mão. Isso demonstra uma maldade competitiva que deveria ser mais estudada e compreendida; do mesmo modo, teríamos que estudar e compreender as motivações amorosas, por quais razões e emoções esse mesmo menino empenha-se em compartilhar espontaneamente um pedaço de doce com o irmão caçula, enfrentando o gato que tenta arranhá-lo. A demonstração de força transcende para uma atitude de solidariedade em um sistema que não se imaginaria possível na mesma pessoa. Da mais drástica covardia saltamos à mais graciosa coragem quase sem intervalos de tempo!

Surpresos com nossas ambivalências, temos nos mantido inertes e ineptos para sair do impacto. Chocados, algo deslumbrados, às vezes queixosos, vitimados, em outras reivindicantes e credores, vivemos hesitantes e aprisionados nesse sistema. Não conseguimos nos mexer de forma efetiva e transformadora.

Deveríamos repensar toda disputa, de qualquer ordem, que envolvesse ataques físicos, verbais, psicológicos e até competições esportivas. As modalidades de luta-livre, de boxe, as artes marciais e equivalentes poderiam ser mais bem estudadas, dimensionadas em sua importância emocional, de modo que pudéssemos cada vez mais recorrer a sublimações, criando meios e estilos de evitar o confronto físico direto e lesivo.

A agressão exibida na arena e a violência entre torcedores e espectadores demandam estudos para a manutenção da sublimação. Em tópicos outros, associados às competições sublimadas e à homorrivalidade masculina e feminina, voltaremos ao tema.

Poderíamos ter uma sangrenta luta entre dois grandes boxeadores e as torcidas não se atacarem. E temos jogos sublimados, uma partida de futebol, por exemplo, em que os atletas não se agridem e ocorrem mortes entre as facções.

Encontramos muitas dificuldades, ao longo da História, para cultivar e aplicar nossas boas tendências. O discurso não desiste, a retórica insiste, mas as virtudes e as boas ações praticadas são reduzidas diante das propostas teóricas.

As melhores qualidades humanas, diante de nossas grandes tolices, deveriam prevalecer. Porém, há alguns entraves que reapresentam os defeitos e adiam a soberania dos bons valores. Temos permanecido em um profundo e desgastante prejuízo.

A excelência ética, o primor do afeto, o enlevo erótico, o encanto amoroso, o respeito e o cuidado com o próximo, os ideais e atos virtuosos são esporádicos, circunstanciais. Por vezes, somos educados, polidos, mas essa conduta nem sempre é espontânea, além de poucas vezes levar à oblação de amor.

Estamos carentes de espontaneidade e virtude no fruir dos humores, na divulgação da saúde, ao enfrentar as doenças, extirpar os tumores. Estamos confusos com os temores e amores. Falta-nos o amor, transborda-nos temor, seja no passado, no presente ou no futuro. Seja na vida, seja na morte...

Algumas inspirações existenciais já motivaram filósofos a refletir sobre valores e ordens da temporalidade: o passado foi, não é, não está, não existe mais; o futuro ainda não é, não está, não existe; e o presente já não é, não tem tempo para estar, não existe! Desse modo, tudo é nada...

Cada vez que usamos nossa capacidade mental e racional, não podemos negar que somos hábeis, tanto para criar grandes amplificações bem como magníficas reduções. Também não cabe fugir de um fato: o contexto pensado e racionalizado é fruto de uma interpretação. O que nossa mente arquiteta é o que conseguimos interpretar.

Quando prevalece claramente a racionalidade, parece que estivemos frios, calculistas, isentos de emoções. Não é bem desse modo, pois há implicação emocional em todas as conexões do raciocínio.

A rigor, vivemos de interpretações norteadas por emoções, tácita ou explicitamente.

III
IMPULSOS E PULSOS

A arquitetura das interpretações tem compromissos com nossos desejos, nossas conveniências, e pode tornar-se extremamente tendenciosa. Os interesses trabalham para os nossos medos. Por isso, podem prevalecer, consciente e/ou inconscientemente, de modo a compor ideais fanáticos e formatar ações extremistas.

Se pudéssemos guiar-nos pelo amor, pelo sentimento espontâneo e humano, seríamos menos influenciados pelas inclinações e tendências associadas a nossos medos. Estes interferem de maneira pesada e implacável, e nós atendemos às suas demandas, adiando as decisões pelo amor. De qualquer modo, é melhor o otimismo de um adiamento do que uma projeção desiludida, mesmo diante do descrédito histórico que ratifica a prevalência dos temores.

Conseguimos acreditar no que pensamos entender, mesmo que não seja entendível. Isto é, cremos no que interpretamos como crível, mesmo que seja algo incrível. Em muitas oportunidades, crer é mesmo acreditar no incrível, no absurdo...

Os mais fanáticos parecem crer radical e profundamente no incrível, talvez para que não surjam as mínimas suspeitas sobre suas crenças, defendendo-se assim de um temor ainda maior: o que implicasse dúvidas sobre a própria fé.

Somos seres conceitualmente racionais, complexos à nossa própria compreensão, pulsáteis, suscetíveis a toda ordem de fenômenos, em especial a nossos movimentos internos e vontades.

Uma pulsão qualquer pode dominar nossos ritmos, de forma que, em muitas ocasiões, dançamos de acordo com um impulso, uma ordem irracional.

Entendo que as pulsões instintivas podem dominar os pulsos de racionalidade, em muitas ocasiões, exigindo de nós obediência quase cega.

Nosso grande pavor existencial é a morte. Um trabalho permanente, mesmo que inconsciente, de um instinto de vida pode obrigar-nos a consumir a idéia da imortalidade, da alma eterna e ideais similares.

Mário Quintana pensa e provoca: "A morte é a única coisa incerta que existe (...) Senti-me abaladíssimo com certos testemunhos irrefutáveis da sobrevivência (...), mas a imortalidade da alma não prova a existência de Deus...".

Um homem ateu não aceita a idéia de Deus porque interpreta o mundo como um limite material – tudo o que se reconhece neste âmbito é demonstrável apenas pelo próprio conhecimento humano. Aquilo que estiver fora dessa circunscrição não é reconhecível. De imediato, será definido como imaginário e, em seguida, confirmado como ilusão. A evolução tecnológica e as aferições científicas vão desfazendo as lendas, reduzindo os mitos, no panorama objetivo. É óbvio que tudo se complica nos horizontes subjetivos.

Os filósofos têm reciclado essas perspectivas, uns com inspirações idealistas, outros com a fenomenologia. Na visão de Edmund Husserl, o fenomenologista pioneiro, o caráter essencial da consciência é a intencionalidade. Sob esse prisma, não há como fugir da interferência de nossas vontades nas hipóteses, opiniões, teses e conclusões.

Um prosélito acredita em sua fé porque reconhece que ela é indemonstrável, cabível enquanto espiritual, carismática.

amores humanos, traições divinas

Fernando Pessoa incita a subjetividade e instiga o exercício cerebral: "Trazem-me a fé como um embrulho fechado numa salva alheia. Querem que o aceite, mas que o não abra. (...) Na falta de saber, escrevo. (...) Cansamo-nos de tudo, exceto de compreender."

A fé só pode sustentar-se poderosa e respeitada se for abstrata, porém com alguma compreensão concreta. Deve funcionar como uma "ilusão racional", em um âmbito predominantemente subjetivo, mas que não pode renunciar a toda objetividade. Se não mantiver um mínimo de contexto objetivo, uma parcela de racionalidade útil, entraria por completo na subjetividade, passaria a mera ilusão.

Escrevo este texto na intenção de rever nossas boas e úteis ilusões, motivando aqueles sonhos que levam jeito de realizáveis. A inspiração de Victor Hugo estimula o empenho: "As ilusões sustentam a alma como as asas a um pássaro."

No entanto, parece que o meu rumo medular, o principal trabalho cogitado no livro, é convocar o leitor à assunção de uma verdade, à reflexão sobre ela, o que poderia estragar um velho sonho humano: aguardar o Paraíso, chegar à morte com a garantia de uma salvação.

Para sonhar e manter-se motivado no limite da vida mortal, há necessidade de aprimorar o amor. Amando de modo ampliado e competente, podemos encorajar-nos a enumerar os tópicos que irão "consertar o mundo".

Listemos esses principais intuitos e efeitos do aprimoramento do amor humano:

Lista de Intenções – Atuações

1. Em um primeiro plano:

- Abalar a fé convencional.
- Duvidar da imortalidade da alma.
- Debater a existência de Deus.
- Repensar as demandas espirituais.
- Rever as acomodações religiosas.

(Esse início já compõe um conjunto de metas bem ambicioso).

2. Digamos, em um segundo rol:

- Questionar as regras do mercado.
- Redimensionar o direito e a justiça.
- Combater as imposturas e a demagogia.
- Opor-se ao cinismo e à hipocrisia.
- Desqualificar o moralismo, purificando o sexo e satanizando a corrupção. Ridicularizar o falso puritanismo.
- Sacralizar o erotismo e massacrar os pecados da perversão.

(Outra empreitada duríssima, que exigiria amplo espaço e denso tempo).

3. Mais uma, a terceira conjunção:

- Incentivar a verdade.
- Revigorar a ética.
- Reciclar as tradições místicas, derrubando lendas e esclarecendo milagres.
- Acreditar-se humano e mortal.

(A incumbência vai ficando extremamente árdua).

4. E vem o quarto desígnio:

- Evitar tentativas de conexão com Deus, independentemente de negar Sua existência.

amores humanos, traições divinas

- Não rezar, não suplicar por bênçãos, distinções e favores, não rogar pelo amor de Deus.
- Amar como gente, entre pessoas, nos planos dos homens, sem interagir com deuses.
- Amar-nos cada vez mais e melhor, qualificando as relações sentimentais nas nossas dimensões, como seres humanos, criando o nosso éden em vida e não mais aguardar pelo que virá após a morte.

(Está ficando muito difícil).

5. Mesmo assim, forcemos um pouco a medida:

- Vislumbrar a morte como fim, admiti-la como resultado último da vida, sem expectativas de ressurreição ou reencarnação, sem esperar pelos prêmios divinos.
- Desenvolver uma justiça humana que dignifique a sociedade sem velar pela solução divina e a eternidade espiritual.
- Não glorificar nem combater a existência de Deus, viver da melhor maneira possível, com muito amor humano entre os homens, habilitando o tempo vivido até a morte.
- Admitir Deus como possibilidade, até como objeto de uma fé ainda não desenvolvida, mas sem chance de negociar benesses e vantagens com Ele. Viver como um ser vivo e deixar a chance de lidar com Deus após a morte, quando estiver morto.

(Essa lição demanda uma carga de dificuldades extremamente pesada, deve representar a meta mais complicada).

Haja recurso amoroso para atender à tarefa – quase divina – que nos espera!

E devo ter esquecido muita coisa...

A História tem cumprido os testemunhos dessas dificuldades,

à medida que estamos saturados de promessas recorrentes que não se concretizam.

Entretanto, esta é a súmula do que o leitor encontrará ao longo da leitura, um esforço em abordar esses temas todos, repensar alguns dos mais decisivos valores e amores humanos. Acho que os desafios que surgirão à nossa convivência serão degustáveis, ainda que algumas pessoas prefiram nem correr o risco de experimentá-los...

Os alicerces para essa empreitada não são estáticos. Exigem uma dinâmica ativa para que sejam vistos e revistos. Pontos que sugerem reestudos e acabamentos precisam ser solicitados a fundamentar o trabalho. A leitura seria apenas um ponto de partida, uma crítica inicial.

Luís F. Verissimo escreve:

Li, não me lembro onde, uma frase: 'o longo hábito de viver nos indispõe para a morte'. Essa indisposição para a morte está no princípio de todas as religiões, se não de toda a metafísica. O crescimento do fundamentalismo religioso, ou de uma volta aos fundamentos mais obscuros e obscurantistas das religiões, é uma reação radical ao desmentido das suas certezas, mas há outros longos hábitos ameaçados que reagem do mesmo jeito. Velhos comunistas se recusam a aceitar o fracasso do comunismo aplicado a não ser como uma anomalia russa, uma prática que sabotou a teoria. Neoliberais não param de entoar seus mantras como se sua repetição encantatória banisse todas as evidências que os contradizem.

Esse texto é o tipo de tentativa que deveria ser multiplicada para questionar contundentemente as nossas resistências em mudar certas tradições que, mesmo ameaçadas, prolongam suas influências.

IV
ESBOÇOS E ESFORÇOS

Intriga-me o fato de termos tantos potenciais construtivos e não fruirmos de suas *benesses*. No mundo adjetivado como o da era pós-moderna, que estréia o terceiro milênio em trajes de globalizado, temos tantos ou mais problemas quantos os de quaisquer outras épocas humanas.

Pinçando mais um referencial antigo, pensemos no modelo de Empédocles, que viveu meio milênio antes de Cristo e já convocava seus contemporâneos a refletir sobre as motivações basais dos impulsos humanos antagônicos: a que aproxima os seres e a que os afasta. Para a primeira, ele indicou o amor, para a segunda, o ódio.

Entendo que as oposições não sejam exatamente estas, não se sustentando no modelo proposto pelo notável pensador grego, ainda que permaneçam semelhantes nos conceitos convencionais da nossa atualidade.

Tradicionalmente, é assim que interpretamos essa dinâmica: o amor recebe a objeção do ódio. Quem ama tende à aproximação, à paz, ao romance e outros valores semelhantes. Quem odeia promove afastamentos, guerras, conflitos e demais inclinações correlatas. Reflitamos mais sobre essas referências.

Podemos observar que os animais atacam quando estão com medo. Focalizemos os mamíferos, que englobam nossa espécie.

Os grandes animais são mais facilmente notados por seus hábitos. Eles têm que defender seus territórios e alimentar-se.

Quando ameaçados pela fome ou presença de um invasor, sentem-se fracos, acuados, em grande risco. Essa fraqueza exige que reajam, que resgatem sua força. Então, atacam.

Trata-se de um temor instintivo, indiferenciado, útil para a sobrevivência individual e da espécie. Eles temem morrer, por isso vão à caça, e são chamados de predadores, de carnívoros. Também são arrasadores quando devoram as plantas, como fazem os herbívoros. Se comem carnes e vegetais, como os onívoros, devastam a fauna e a flora.

Temos sido implacáveis com nossa espécie, freqüentemente nos acusando de grandes devastadores da natureza. A ecologia atualizada tem-nos cobrado mais respeito e cuidado com a manutenção das reservas naturais, o que é realmente e indispensável para a vida. Mas devemos reconhecer que todo esse estrago promovido pelo homem é decorrência de fraqueza nossa, equivalente à dos animais irracionais.

Enfraquecidos, atacamos. De modo similar ao dos animais inferiores, às vezes de maneira mais cruel, somos guiados pelo medo, não medimos maiores efeitos de nossas reações e vamos ao ataque.

O ódio vem no vácuo do medo, é conseqüência deste. Odiamos, reagimos com raiva, tornamo-nos violentos. Sem muita ponderação, desejamos morte, vingança. Pretendemos justiça perversa, lutamos por riqueza personalista, basta temer algo.

O medo é a emoção destrutiva que antagoniza a construtiva; o ódio vem na seqüência, como subproduto daquele e não como um fato inicial, espontâneo.

O medo é emoção natural, recurso de todos os animais. Os irracionais reagem apenas com ele, os racionais sofisticam sua natureza com o ódio.

António Damázio, neurocientista, entende que as emoções têm a ver com o corpo e, os sentimentos, com a mente. Ele desenvolve um interessante estudo sobre nossas ações e reações emocionais e sentimentais. Para ele, as emoções seriam corporais, e os sentimentos, mentais.

Vamos ao esquema que associa a função com a clínica, que anunciei no capítulo inicial.

Encaminhar pacientes para um psiquiatra, ou mesmo para um psicólogo clínico, um psicoterapeuta, continua sendo um ponto de resistência, tanto para o profissional de saúde quanto para o paciente. Este pode se ofender, como se fosse considerado louco, aquele pode não achar o melhor modo de passar o recado, complicando o panorama. Às vezes, é mais simpático indicar o neurologista. Com isso, o paciente sente-se mais próximo da idéia da doença do que da loucura (como se uma não fosse outra, e vice-versa!).

O preconceito tem falado mais forte, há preferência em ser doente. Isso pode acontecer também com a nossa insistência na vida eterna. Temos muito mais simpatia por essa perspectiva da eternidade do que pelo reconhecimento do delírio de ser imortal, essa louca ilusão que nos alimenta pelo tempo.

No campo da saúde, tentando facilitar para os dois lados e compor uma explicação simples para esse emaranhado, maior ainda pela indiferenciação leiga entre psicoterapeuta, psicanalista, terapeuta corporal, sexual e outros, tenho sugerido que sejam conectadas as disfunções com as clínicas correspondentes. Então:

Problema	Especialista
Cerebral	Neurologista
Mental	Psiquiatra
Emocional e/ou sentimental	Psicoterapeuta

Em psicoterapia, caberiam muitas linhas e formações, tais como psicanálise, psicodrama, terapia comportamental, transacional, cognitiva, gestáltica e tantas outras. Também os psicoterapeutas podem ter múltiplas origens e diversas formações. Há bons psicoterapeutas que têm diploma de engenharia, serviço social, além dos habituais psicólogos e psiquiatras.

Evidentemente, quando as pessoas empenhadas em suas atividades atuam com muita fé e amor, reciclando suas interações em desenvolvimento ininterrupto, todos os setores e trabalhos interagem em benefício dos cuidados e prazer dos cuidadores. O entrosamento vai confirmando que as pessoas são mais importantes do que as técnicas.

No âmbito da espiritualidade, enfrentamos essa psicopatia no amplo sentido da palavra, uma alteração mental, emocional e profundamente sentimental que nos aliena, mantendo-nos reféns de um amor equivocado e restrito, traiçoeiramente apresentado com a valência de salvador.

Estamos em um exercício didático, apenas uma maneira de dar nomes aos fatores em discussão, mesmo porque sistemas e léxicos impõem limites, parecem reduzir as dimensões dos fenômenos. As palavras, especialmente as que dão caráter científico aos fatos, vão amontoando os conceitos em telas biológicas, identificando-os dentro da convicção objetiva, negando-lhes alguma pretensão abstrata.

Sidarta Ribeiro aponta que a fé é um "fenômeno biológico". Comentando alguns experimentos que mostram, por exemplo, como a crença no controle de dores pode mudar a percepção da sensibilidade dolorosa, o autor sintetiza as descrições morfológicas e funcionais dos setores do cérebro que coordenam esses fenômenos. Em um deles, quando o participante

amores humanos, traições divinas

acredita que um creme hidratante tem efeito analgésico, sente menos dor no local aplicado.

De modo espiritual, absolutamente subjetivo, o participante acreditou na palavra do médico. Essa abstração é empírica, incomensurável. Mesmo não permitindo uma medida numérica, o desejado ocorreu: a falta de objetividade não impediu a analgesia.

A fé em um produto pode ser, muitas vezes, mais importante do que o produto em si. A demonstração das áreas cerebrais responsáveis por isso, entretanto, não deve restringir a noção imaginativa do fenômeno.

Quando estudamos um fato com critérios objetivos, tendemos a sistematizações concebidas como científicas. Insistimos em aferições claras, reprisáveis, no plano da objetividade que necessitamos para que os dados fiquem nítidos e compreendidos. Os aspectos humanos, mesmo que, cautelosamente, tentemos dimensioná-los em noções concretas, parecem não caber nessas medidas.

Biologicamente, determina-se, por exemplo, que o córtex pré-frontal atua na inibição da dor. Essa referência física é um importante esclarecimento, pois permite a compreensão clínica, o padrão para o diagnóstico e as tentativas terapêuticas. Mas é uma limitação ao potencial subjetivo dos seres humanos.

Com a evolução da tecnologia, usamos prestigiar os conteúdos da ciência e pouco considerar as noções empíricas. No entanto, o empirismo é uma expressão autêntica, muito natural do ser humano.

A subjetividade implica um potencial de ânsia objetiva. E, vice-versa, o contexto da concretude esteriliza-se sem um sopro subjetivo.

As imanências e as transcendências solicitam-se, de modo que os passos evolutivos sugerem a ambivalência essencial do ser humano: cada avanço preenche um vazio, diminui a sensação de incompletude, mas confirma que jamais estaremos completos.

Arte e ciência exigem criatividade iluminada, talentos e recursos técnicos. A primeira tem mais estro, a segunda demanda rigorosidade. Em todo caso, estamos habituados a ver excelentes artistas trabalharem com extrema severidade e ótimos cientistas criando através de instigações poéticas. Obstinações perfeccionistas e definições puristas mais atrapalham do que ajudam no desempenho das várias tarefas em quaisquer ramos de atividade.

Sem o bom estresse empírico, o ímpeto da natureza humana que gera nossa curiosidade, não teríamos trabalhos científicos. E se não fosse a influência cadenciada da metodologia, empobreceríamos as graças da arte.

As estereotipias oferecem resistências às possibilidades da ciência, da arte e da fé, dificultando suas interfaces. Um professor sisudo está cansado de saber que o tabaco faz mal, porém, na hora de decidir entre duas poses para uma foto, prefere aquela em que porta um cachimbo à outra cujo fundo mostra uma estante com a Bíblia em destaque.

Engatinhamos nos caminhos da ciência, esboçamos alguns passos na arte e, talvez, estejamos na gestação de alguma compreensão da fé em um amor humano consistente.

V
CRENTES E PENSANTES

Jurandir Freire Costa, psiquiatra e psicanalista, escreve:

> Na atitude dos religiosos, fé nem é blindagem cega nem flerte
> com idéias totalitárias. É coragem de sustentar princípios que
> fazem da vida terrena uma empresa com sentido. Para os que
> têm fé, a única garantia de verdade é a de que, sem ela, o mundo
> se torna um lugar extravagante, inóspito, insípido, onde os se-
> res humanos circulam como atores supérfluos de um drama igual-
> mente fútil.

Esta fé sadia e construtiva é experimentada pelas boas almas, religiosas ou não. Ela decorre do valor espiritual da pessoa, independentemente do credo. Em outras palavras, a fé não
depende da crença, mas da capacidade humana de acreditar em
um valor-finalidade.

Os exemplos de fé saudável e fecunda vão desde a do verdadeiro religioso em Deus, do pesquisador devotado à ciência,
do artista entretido em sua arte, do moralista embrenhado nos
deveres éticos, do humanista empenhado nos melhores aspectos das pessoas até a que motiva um torcedor de futebol.

Prossegue J. F. Costa:

> A fé, assim, é o primeiro motor da práxis humana; é o que nos
> faz ver que a vida vale a pena ser vivida, como disse Winnicott

(pediatra e psicanalista inglês). No entanto, ao contrário do que se pode pensar, fé não é o mesmo que credulidade e fanatismo, produtos típicos do desespero psicológico ou social.

A fé que patrocina a ilusão, a que sugere chances de salvação, que conecta o ser humano ao divino é potencialmente traiçoeira. No papel de impulsor da esperança, pode funcionar como oposição ao amor..

Fé no amor, no amor humano, este é o nosso primeiro e último motor, a serventia-meta que nos entusiasma e sustenta.

Carlos R. Brandão, educador e escritor, pensa:

> Para que Deus possa ser acreditado, não pelo seu poder, mas por algo de outra qualidade, o amor, é necessário que Ele saia de si e, como nós, humanos, entre em relação com os seus outros. Entre 'eles', nós, frágeis criaturas de barro e água, mas, de qualquer maneira, a invenção mais semelhante ao próprio Deus que um deus soube animar sobre a Terra.

O autor investe em uma "necessidade" de Deus: Ele tem que "sair" de si mesmo para viabilizar as relações amorosas. Este é um dos pontos mais delicados de nossas ambivalências com os recursos divinos.

Deus tem características inerentes à divindade, obviamente. Como tal, é perfeito, onipresente, onisciente, sempiterno (mais que eterno, sem princípio nem fim), onipotente. Com tais atributos, não pode ter necessidades, desejos, expectativas; muito menos passaria por uma evolução. Não há o que evoluir em Deus, pois Ele é o referencial da perfeição. Deus está pronto!

No entanto, a referência principal, a que sustenta todas as outras faculdades divinas, é a imortalidade. Sem ela, não

que ela poderia, como espírito, voltar no tempo perpetuamente, desde que aceitasse, como corpo, morrer agora; 2) vender a alma ao diabo, sem saber quando irá morrer, mas com a garantia de um futuro eterno. Apesar do negócio com o demônio, a segunda proposta é muito melhor... (veja cap. XIV).

Nós, como seres humanos, seguindo a referência bíblica cristã de que fomos feitos à imagem e semelhança de Deus (1Gênesis26,27), jamais poderíamos imaginar-nos com qualidades divinas. E jamais chegaríamos ao estado perfeito. No entanto, a própria gênese do Criador, vista por este ângulo criacionista, nos causa complexa contradição.

Revisemos esse emaranhado. De acordo com a linha teológica dos cristãos, a doutrina religiosa indica que a alma de cada pessoa é criada no momento de sua concepção. A partir daí, desenvolve-se um corpo mortal e "ressuscitável" (para chegar à ressurreição, tem que morrer, obrigatoriamente) e está nascida uma alma que nunca morrerá.

A criatura é definida como entidade corporal e anímica. Composta de corpo e alma, na seqüência prevista, perderá a carne (resgatável depois, pela ressurreição profetizada nos credos cristãos) e jamais perderá a alma. Esta é eterna: ainda que tenha um começo, não terá um fim.

Seguindo essa linha, mesmo que não se caracterize como sempiterna, que não seja bilateralmente infinita, não existindo sempre no sentido do passado, a alma cristã será perene, eterna, na direção do futuro. Nessa circunscrição, portanto, tem um atributo de divindade. A alma cristã, como ser eterno, é uma entidade divina. Já está Deus.

Podemos incluir nessa dimensão as almas dos fiéis que seguem outras seitas e facções religiosas. As grandes religiões monoteístas () contemplam essa deificação. Os prosélitos do

amores humanos, traições divinas

teríamos potenciais de onisciência, onipresença, onipotência. E, menos ainda, de perfeição.

O ser divino, antes de onisciente, onipresente, onipotente, perfeito, tem que ser imortal, não pode mudar com o tempo, nem aguardar transformações, ter esperanças, tentar reformas, consertos, envelhecer, adoecer, curar-se.

A professora de psicologia Maria Emília Lino discorda desses argumentos, alegando que o que é imortal não é imóvel, imutável. Definir o ser imortal como paralítico parece que o liquida, torna-o perecível. Imobilidade, paralisia, para nós, humanos, implica morte. No mínimo, limitação, deficiência. Seres humanos, pensantes, vivos, são entes que se movimentam. Pessoas mortas e as partes mortas dos vivos estão paralisadas.

Então, como entender Deus? Seria uma figura imortal, mas ativa? Parodiando Nietzsche, influente filósofo do século XIX, Deus estaria morto?

Se Deus for entendido como vivo, nós o destinaremos à morte. A vida não é eterna, ela caminha para o fim. Deus está "vivo" na interpretação dos homens que se entendem criados por Ele.

Deus, como Criador, mesmo que seja sempiterno, que tenha sempre existido, no decorrido e no porvir, para trás e para frente, só interessa de fato, para as criaturas, como presente e futuro, como figura eterna.

Ser eterno é muito mais essencial e concludente do que sempiterno. As conexões com as criaturas estabelecem-se quando essas começam suas temporadas de vida. A partir daí é que se iniciam as demandas, os interesses. Nenhum crente negociaria a morte pela eternidade pretérita.

Imaginemos, entre duas únicas possibilidades, que a pessoa crente tivesse que escolher: 1) uma eternidade pretérita, em

amores humanos, traições divinas

judaísmo, do cristianismo e do islamismo formam uma categórica maioria, todos acreditando na alma eterna, mesmo que alguns discordem da ressurreição do corpo.

De acordo com esse panorama, a maior parte dos homens no mundo de hoje acredita em uma contundente ambivalência: admite humildemente que está longe de ser um deus e, pretensiosamente, crê na própria divindade, através do condão da imortalidade anímica!

O detalhe é sutil e oportuno: escolhemos a melhor qualidade divina: a eternidade! Somos deuses tanto quanto o mais divino dos seres. E usamos (ousamos!) propagar nossa modéstia de humanos, mortais e tão distantes dos dotes de um deus.

As convicções que defendem as reencarnações também enfrentam a mesma contradição e mais uma, à medida que investem sua eternidade em supostas etapas evolutivas. Ou seja, aquilo que é eterno independe do tempo, não permite um processo de evolução, como é que irá reencarnar?

O caráter imortal da entidade é incompatível com um desenvolvimento, é atemporal, não pode sofrer alterações ou mudanças, seja hoje ou no ano 41.814 d.C., a mesma coisa prosseguirá em 974.736, faltando pouco mais de 25 milênios para bater em um milhão de anos depois de Cristo. Os homens, entidades evolutivas, mutáveis, estarão lidando com suas alterações, se a Terra sobreviver até lá, mas os seres eternos estarão os mesmos.

Eternidade é um fato sem limites, independente de metamorfoses. Não há como se preocupar com as instabilidades e as possibilidades de Deus. Ele está desvinculado de alterações, elas não ocorrem e não importaria se ocorressem: Ele continua Deus. Paralelamente, as almas imortais seguiriam as mesmas, pois já seriam deuses.

A evolução é um fato temporal, exige etapas, intervalos, crises, é uma circunstância bem dependente de processos, não se caracteriza por um caráter definitivo, por estabilidade invariável.

Um espírito eterno, a alma imortal, como um dom divino dos homens, não deveria incomodar os religiosos, que se consideram portadores dessa qualidade. Não caberia temer pela evolução, ansiar pelo aprimoramento. A caracterização da imortalidade é prevalente, soberana, não admite acabamento.

Nossos hábitos mortais, necessidades de fazer projetos, fundar alicerces, ir até os detalhes últimos, a pintura da casa, a capa do livro, induzem-nos a imaginar um destino semelhante para a alma.

Se estivéssemos habituados ao panorama dos deuses, adaptados à "vida" eterna, não faríamos planos, não esperaríamos por processos ou procedimentos finais. Realcei o vocábulo com aspas porque já passamos da hora de reconhecer que vida é uma seqüência que inevitavelmente acaba, tem um fim. Começa no parto, desenvolve-se pelas fases evolutivas e termina. Ela confirma seu sentido seqüencial quando se encerra na morte.

Se temos almas eternas, se dispomos de espíritos imortais, estamos definitivos, não chegaremos ao término, exatamente como Deus. Mas não seríamos "vivos", no sentido humano da palavra. Ao contrário, seres intermináveis não morrem.

O desenvolvimento da genética médica e os trâmites da bioética convergem, apesar das polêmicas, para o aumento da vida média, de modo que progressivamente conseguiremos adiar a morte.

A longevidade deverá favorecer a instigação existencial para dentro da própria vida, evitando a especulação do futuro subseqüente à morte. Se também conseguirmos preencher de amor esse tempo maior de vida, estaremos cada vez menos preocupados com a posteridade mortal.

amores humanos, traições divinas

Conhecer e estudar a vida exige conhecimento e estudo sobre a morte. As características dos vivos implicam-se nas especificações dos mortos, mas nada têm a ver com as propriedades divinas. Essas são inacessíveis, inabordáveis pelos humanos, principalmente vivos. Mortos? Também penso que não, mas é um panorama só explorável para depois da vida.

Já ouvi de alguns pastores e palestrantes espíritas que somos uma mescla: um corpo mortal e uma alma imortal. Essa política é uma engenhosa maneira de diminuir as dúvidas dos prosélitos e espectadores: eles ficam meio vivos e meio mortos, assim a ambivalência que patrocina o engodo prossegue.

Averroes, pensador e médico árabe do século XII, falava de uma alma individual que morria com o corpo e uma outra, universal, que seguia pela eternidade. Os averroístas foram duramente combatidos pela ortodoxia católica. Os crentes inflexíveis acham sempre uma maneira de impedir os questionamentos que abalariam sua segurança.

Falando na rota dos fatos demonstráveis, sem perder a atração pelo vôo que especula o imaginário, tentemos sistematizar as emoções e os sentimentos.

Emoção seria algo mais bruto, que segue o nível corporal, um movimento do cérebro vegetativo, correspondente ao plano animal, empírico, primitivo. Sentimento seria algo mais lapidado, que acompanha a diferenciação mental, o cérebro evoluído, com discernimento lúcido.

A emoção é primitiva, o sentimento é civilizado, mas a nossa sabedoria a respeito dos dois ainda é empírica.

Camille Paglia indica ser evidência mundialmente reconhecida o fato de que sempre que os controles sociais enfraquecem (guerras, por exemplo), o homem se torna incivilizado.

45

Humanos, somos eminentemente emocionais – qualquer susto pode nos devolver à regressão emotiva mais arcaica. Se fruíssemos de relações mais inspiradas no amor, raramente seríamos dominados pelos pavores.

Vejamos os contingentes emocionais e sentimentais didaticamente apresentados em áreas de valores positivos e negativos.

VI
TEMORES E FERVORES

SETORES DOS TEMORES

No pólo dos impulsos destrutivos, o medo é a emoção. Ele está ligado ao corpo, ao instinto rudimentar. O ódio é o sentimento, algo mais elaborado, no plano da mente. O resultado psicossomático amplo, em dimensões concretas e abstratas, alcançando os campos objetivos e subjetivos, é um estressante sofrimento. Corpo e mente, padrões físicos e valores psíquicos individuais, padecem. E a repercussão social é uma fonte de conflitos. Em uma moldura sintética:

No indivíduo	Na sociedade
Emoção = Medo	Competição
Sentimento = Ódio	Conflitiva
Solução = Estresse	

SETORES DOS FERVORES

No pólo dos impulsos construtivos, o fator corporal, o rudimento instintivo, o elemento correspondente ao setor animal é o prazer. No nível mental, a diferenciação chega ao nosso melhor e mais nobre desenvolvimento afetivo: o amor. O sucesso psicossomático é a satisfatória homeostase. O impacto social é a paz. Em síntese:

No indivíduo	Na sociedade
Emoção = Prazer Sentimento = Amor Solução = Satisfação	Evolução Pacífica

Aproveitando esses esquemas setoriais, o exercício de emoções e sentimentos remeteria os seres humanos à compreensão mais organizada e sistematizada de suas condutas. Entendo que isto seria fundamental para o aprimoramento das relações, em todas as áreas da vida.

Por trás da tradição cultural que polariza amor e ódio, os equivalentes mentais do impulso, teríamos que raciocinar sempre em função das bases corporais implicadas: prazer e medo.

Os animais vivem basicamente de medo e prazer. Nós não podemos fugir desse fundamento biológico essencial. Medo e prazer são nossas emoções de alicerce.

No entanto, como indivíduos racionais e sentimentais, podemos sofisticar o processo, compor outros esquemas de remates na construção de personalidades e comportamentos, diferenciando esses elementos basais.

As elaborações mais diferenciadas, entretanto, esbarram em exageros e abusos, levando-nos a reiterar equívocos, a insistir nas manobras mais perniciosas e sutis, as que mais nos enganam. Com elas, chegamos às divinas traições.

VII
FANTASIAR E PLANTEAR

Temos sido informados, desde a infância escolar, que vivemos sonhando, idealizando melhorias, pretendendo ganhos, sucessos. Ao longo de nossa experiência, vamos dosando possibilidades; uns bastante acomodados, seguindo a maioria de modo massificado, outros mais instigados, em busca dos próprios destinos.

Com a elaboração didática que acolhe as emoções na objetividade corporal e os sentimentos na subjetividade mental, trabalhamos os conteúdos inconscientes e expressamos as manifestações conscientes nas nossas relações.

Tentando diferenciar os aspectos emocionais mais construtivos e as inclinações de ordem destrutiva, continuemos o exercício.

PULSÕES EM DEFINIÇÕES

Os Sentimentos Negativos

No lado perigoso, ameaçador, destrutivo, teremos um número maior de sentimentos em relação ao construtivo, pelo menos em títulos, para realçar os medos implicados. Definem-se mais caminhos ruins do que bons, em nossa limitação amorosa.

Infelizmente, quanto mais experientes e amadurecidos, mais somos solicitados a interagir com desconfiança e cautela. A inocência que preenche a criança é progressivamente dissipada da personalidade, dando lugar à malícia que deve entulhar as etapas adultas. Esse processo mostra-se desalentador, na medida em que a infância é proporcionalmente bem menor do que a maioridade.

Temos nos civilizado à custa da perda da ingenuidade e do ganho da astúcia. Os adultos preocupam-se em desenvolver nos infantes uma grande aptidão em não se deixar enganar e uma robusta capacidade para negociar com vantagens. Em cada lar, no seio da família, apesar da contradição diante das solicitações religiosas, seguimos as ordens de Mamon, o deus do mercado (veja cap. XXII).

Se pudéssemos prolongar o conteúdo inocente do caráter infantil, trabalhando a evolução psicológica com forte dedicação amorosa, arriscaríamos pressupor que chegaríamos a pessoas amadurecidas muito melhores. Elas não se submeteriam aos comandos tirânicos da economia e interagiriam de forma afetiva e fecunda.

Um grande cuidado seria necessário: adultos ingênuos, pouco maliciosos, seriam provavelmente associados à inteligência estreita. A habilidade em não assimilar engodos, inegavelmente, é um excelente exercício para desenvolver a capacidade intelectual.

Em um mundo recheado de amor, no entanto, poderíamos pensar em sublimar cada vez mais os desafios ardilosos, aprimorando a malícia criativa, virtual e esportiva e desencorajando a comercial, litigiosa e predatória.

Em vez de prestigiar a sagacidade de mafiosos, corruptos, cartelistas, perversos, a sociedade amorosa contemplaria o denodo criativo e sentimental das pessoas com espírito inventivo e sentimental.

amores humanos, traições divinas

Vejamos uma lista alfabética de sentimentos negativos e a proto-emoção, o medo basal correspondente. Sinto-me habitualmente estimulado a desenvolver essas sínteses. Amplitudes ou reduções serão exercitadas por leitores, críticos e releituras.

É importante lembrar que há sentimentos ruins que, em doses moderadas, são capazes de estimular os bons. A vaidade que decora, sem exageros, uma pessoa bem-cuidada, saudável e atraente, colabora com o erotismo e encanta os seus admiradores.

A lista de sentimentos negativos seria a seguinte:

Avareza – medo do vazio, do vácuo.

Ciúmes – medo de perder o objeto, de não o controlar.

Covardia – medo da derrota, de não agüentar a frustração, o fracasso.

Culpa – medo de ser punido, da condenação, do castigo.

Desconfiança – medo de não ter suficiência em determinada circunstância.

Impaciência – medo de perder um lugar, de não compensar um atraso.

Insegurança – medo de arriscar, da incerteza do resultado.

Inveja – medo de não conseguir o objeto, de confirmar que ele está sob o controle de outrem.

Mágoa – medo da perda irrecuperável, de reafirmar o desprestígio, da derrota sem reparação.

Ódio – medo da morte, de se submeter a outrem, àquele que o liquidaria parcial, total, eventual ou definitivamente.

Posse – medo de confirmar que realmente não é dono de nada.

Timidez – medo de ser criticado, vaiado, de não ser aprovado.

Usura – medo da pobreza material, de passar por idiota no mercado e na sociedade.

Vaidade – medo da pobreza estética, de confirmar alguma inferioridade, de passar por feio, inviável para convites sociais.

Vergonha – medo de expor um ponto fraco, de não ser perfeito.

Vingança – medo de permanecer derrotado, aceitar a suposta vitória de outrem.

Voracidade – medo da carência, de lidar com as faltas.

O exercício de perscrutar os medos que originam os sentimentos negativos também não deixa de levar a interpretações, com as escolhas contaminadas pela intencionalidade. Qualquer um pode especular sobre outras compreensões dos medos, mas quem quiser fazê-lo deveria alertar-se para não fugir do foco emocional básico. Portanto, o centro das especulações será sempre voltado para a proto-emoção, o que exigirá, em todas as oportunidades, identificar e interpretar um medo.

Dialogando sobre essas propostas com familiares e amigos, tive oportunidades agradáveis de ouvir ótimas sugestões. Em uma delas, discutíamos a inveja, que corresponderia a "uma tristeza pela felicidade do outro".

Trata-se realmente de uma bela maneira de definir esse intrincado e poderoso sentimento negativo, mas aqui já está pronto o resultado, chegou-se ao fim do enredo. Ao entender que a história está encerrada, o invejoso desiste, assume a perda. Com isso, está menos ou nada ansioso, apenas triste, pois, nessa perspectiva, entrou em luto.

amores humanos, traições divinas

Do ângulo que nos interessa, o medo é inicial, está bem na origem e não no término do episódio. No caso da inveja, estressa ativamente a pessoa com a perspectiva de não alcançar o que o invejado consegue ou já conseguiu, como uma pendência existencial, ansiedade vital, dúvida que o invejoso cultiva sobre a própria capacidade. Nesta angústia, o medo favorece a possibilidade do ataque, da iniciativa violenta, destrutiva. Depois, com o final infeliz que mobiliza a tristeza, a pessoa invejosa entra em um contexto que já se parece mais com o da mágoa. A confirmação da perda pode reativar a fraqueza e criar as reações de vingança.

Para toda agressividade mobilizada, temos uma possibilidade cruel, por vezes muito brutal, de competitividade maldosa, e uma alternativa construtiva, de competição sadia, sublimada, incluindo até sabores lúdicos. Uma vingança pesada pode ser criativamente transformada em revanche divertida.

Um projeto que beneficie muitas pessoas, um outro que alegre um grupo de crianças, uma iniciativa que proteja idosos ou mesmo que promova o prazer de um único casal, pode ter efeito construtivo, altruísta; mobilizar e compartilhar amor, mesmo que tenha como causa uma emoção bem negativa, um interesse egoísta e uma moldura de vaidade.

Emoções e sentimentos não são puros nem perfeitos, nossos planos e suas execuções reservam sempre um nível de insatisfação e insucesso.

Lidar com a possibilidade do fracasso e, muito mais do que isso, com a chance de recuperar-se dele, é essencial para seres amorosos. Enfrentar a derrota, encarar uma perda, suportar a saudade, esses são os momentos mais difíceis, de equilíbrio mais instável entre os ritmos de manutenção pouco variáveis e os abalos dos paroxismos emocionais.

A sabedoria oriental oferece alguns projetos de fácil identificação com esse panorama.

O "Aprendizado Shambhala", por exemplo, é um movimento budista que sugere uma tradição de coragem em que "não se tem medo de ser quem se é". Ele cria oportunidades para a prática contemplativa através dos desafios que enfrentamos na convivência moderna. Inspira-se na antiga lenda do reino de Shambhala, uma sociedade iluminada, fundamentada na "ação delicada e destemida".

Uma verdade básica desses ensinamentos é que todos desejamos levar uma vida sadia, digna e segura, e que isso é possível.

Observando diretamente nossa experiência, descobrimos "uma continuidade de estados de vigilância subjacentes a todas as demais condições mutáveis. Essa presença total, desperta, permite-nos viver direta e plenamente a vida". Isso se chama "bondade fundamental".

Mesmo que não estejamos empenhados em seguir um compromisso com o budismo, esse trabalho do Shambhala, como qualquer outro nessa linha, ligado ou não a crenças religiosas, representa uma promoção de amor. As referências assinaladas, como "ação delicada e destemida" e "bondade fundamental", têm profunda inspiração amorosa.

O mundo real tem sido representado cada vez mais ampla e profundamente no virtual. A rede de computadores apresenta o distante como próximo e pode sugerir que a fantasia também se iguale à realidade.

Com vantagens e desvantagens, como todo processo humano, a globalização virtual dispõe de conferências, debates, cirurgias, namoros, relações sexuais e tantas outras atividades e funções.

amores humanos, traições divinas

Um caráter perverso pode aproveitar-se de alguém que não discrimine os contextos reais e virtuais. Também podemos criar um proveito virtuoso dessas obnubilações.

Com boa vontade, bom-humor e respeito ético, quaisquer reclamantes, turmas disputantes, grupos reivindicantes, indivíduos querelantes e demais equivalentes poderiam virtualizar ansiedades agressivas.

Quaisquer expectativas de vingança, de compensar diferenças, muitas revanches poderiam ser resolvidas, evitando-se o confronto físico, sublimando-o nos computadores.

Competir virtualmente, mesmo que os oponentes estivessem a guerrear, bombardeando pontos estratégicos, com minúcias de estratégia militar, não passaria de uma batalha representada nos registros da computação.

Um governante belicoso, patriota, em crise nacionalista, poderia invadir o país de outro, tudo perfeitamente simulado no universo virtual, com detalhes realistas e precisos. Seriam indicados o poderio e alcance das armas, avaliados os acidentes, levando em conta a velocidade do vento, os fenômenos atmosféricos, as reações surpreendentes, as ciladas, emboscadas, os acontecimentos derivados. Os civis, enfermeiros, diplomatas e jornalistas alvejados, prédios destruídos, acervos arrasados, todas as informações seriam compiladas, até o volume de sangue derramado em mililitros dos soldados e demais atingidos. Um acompanhamento dos serviços da ONU manteria todos os dados sob controle, supervisão contra os vírus e a intromissão de *hackers*, em observação neutra e equilibrada. Ganhos e perdas seriam respeitados, o resultado da competição virtual teria valor político real.

Quanto mais conseguíssemos batalhar no nível simulado, entrando cada vez mais no campo virtual, melhor.

Quando estivéssemos em disputas motivadas por fraquezas, por diversos medos, mais tentaríamos mantê-los na referência teórica. Os sentimentos negativos seriam vividos no mundo virtual, sempre canalizados para a representação simbólica, contida no espaço informático.

Por outro lado, as interações amorosas e sexuais tenderiam à vivência prática, evitando-se manter namoros, relacionamentos sentimentais e eróticos no plano virtual. Favoreceríamos os encontros objetivos, o contato pessoal.

O amor e o erotismo devem ser vividos face a face, toque a toque, olho no olho, ao pé do ouvido, na massagem dos pés, no beijo das bocas, nas línguas que se procuram, nos genitais que se penetram, nas pernas e braços abertos, nas conexões concretas e nos abraços físicos, a troca real realimentando os enlevos abstratos.

A violência, a perversão – e principalmente as fobias que as sustentam – devem ser mantidas e exploradas no imaginário, nas fantasias e na virtualidade. Estariam sempre simuladas, cada vez mais aplicadas com os recursos da informática, sem lutas diretas nem encontros pessoais.

Os exercícios virtuais com o medo revelariam sua extensão, exporiam as fraquezas e covardias dos competidores. Temos corrido na direção oposta e equivocada, favorecendo a virtualidade do amor e a realização das guerras.

Nossas fraquezas são contempladas na vivência real, inclusive através de demonstrações de força, enquanto as virtudes permanecem como vestígios imaginários, quando não são acusadas de fragilidade ou reservas infantis que persistem na personalidade.

VIII
ROTINA FERINA

Para compreensão mais facilitada e aplicação prática imediata da boa dinâmica emocional e sentimental, há que se destacar que o mais corriqueiro e intenso dos confrontos internos dos seres humanos ocorre entre uma emoção e um sentimento: é o embate entre medo e amor.

O hábito de confrontar ódio e amor não atende ao sistema sugerido, principalmente porque o ódio dá impressão de poder, implica certa força, planejada ou contemplada pela cultura da potestade, o culto aos poderes.

O medo é mais adequado à idéia de fragilidade, pois, em nossa referência cultural, tende mesmo a ser reconhecido como fraqueza. Os sentimentos negativos podem sugerir uma dose de coragem, uma capacidade de enfrentar situações difíceis, um vigor que esconde e dissimula o medo. Um ódio pode ser justificado, uma vingança chega a ser premiada, a vaidade pode ser homenageada, mas o verbete "medo" é indicativo de depreciação. Ninguém agride quando está fortalecido. Quem ataca está fraco, debilitado, é alguém submetido ao medo.

A rigor, não há corajosos ou covardes. Os dois sentem medos: a diferença reside na habilidade administrativa dos instintos. Os corajosos são melhores como administradores das proto-emoções negativas.

A maior fraqueza é querer mostrar força. Quem tenta demonstrar seus vigores, desfilar suas armas, exibir seus potentados, está respectivamente recheado de fragilidades, inseguranças, penúrias.

Entender o medo como a principal oposição ao amor dispensa o ódio, em certo limite. Ele e outros sentimentos negativos não teriam que ser destacados ou relembrados em suas diferenciações intelectuais. Conectar temor, algo que represente uma covardia, aos ciúmes, à inveja, à culpa, ao próprio ódio, à vaidade e a outros sentimentos negativos, resplandece o conteúdo original, faz com que o medo seja a estrela do contexto.

Mirando o foco de luz para o medo, seus disfarces cairão, ele será mais assumido e combatido, favorecendo a ampliação do espaço e do tempo do amor.

Em nossa época, chamada de "pós-moderna", com as possibilidades das viagens subjetivas em exercícios virtuais, lidamos com a mesma rotineira dificuldade dos tempos de Jesus Cristo. Ele, que exemplarmente conseguia viajar em metáforas e parábolas, anunciava o recado que reverbera até hoje: o amor e o medo competindo, e os homens incapazes de decidir pelo caminho do primeiro, apesar de saber teoricamente que deveriam seguir por aí. Planejam trilhar a via amorosa, mas permanecem paralisados nas trelas da temerosa.

É desolador, decepcionante, mas parece mesmo que temos uma deficiência sentimental muito difícil de ser corrigida, uma falha recorrente e generalizada, quase comum a todos os seres humanos.

"Portadores de deficiência amorosa": este é o crachá que deveríamos grampear em nossas roupas, com orgulho e vergonha. Envergonhados pela limitação sentimental milenar, orgulhosos pela assunção de nos reconhecer deficientes.

Se o leitor reconhecer-se também como "deficiente sentimental", terá um cartão de identificação à sua disposição, na última página.

amores humanos, traições divinas

Uma boa autocrítica sentimental ajudaria a todos, promoveria uma reciclagem ponderada e fiel do nosso atraso amoroso.

Vez por outra, aparece alguém menos deficiente que consegue iluminar um pouco mais a trajetória do amor.

Passear pelo *dharma* (verdade) de Buda, circular pelos livros religiosos de distintas seitas, folhear o impresso dominical de um culto, ler tópicos de um missal, são vivências emocionantes, tanto para o crente que se sente em contato com o que há de mais sagrado para ele, quanto para quem não seja daquele credo. E será especialmente encantador pra o descrente que ali especula sobre o verdadeiro valor, a mensagem profunda daqueles trechos. Talvez os escribas esboçassem dúvidas que foram recalcadas justamente pela força espiritual mística que empregaram. Quanto mais convincentes nessa sistematização mística, mais e melhor sustentariam a posição de quem nada duvidasse, mais edificariam os mitos e contemplariam o sagrado.

Elie Wilsel, judeu, prêmio Nobel da Paz em 1986, expressa: "Misticismo é um esforço muito sério... Não há misticismo imediato...".

Nossas necessidades subjetivas parecem depender de mistérios. Lendas, mitos, valores de sagração, rituais e equivalentes estão sincronizados com cada época, como regra social ou moral questionável, porém decisiva para o comportamento dos grupos humanos nessa fase determinada.

Joseph Campbell, autor católico, entende que uma das mais importantes funções dos mitos, com a qual todas as pessoas deviam tentar se relacionar, é a pedagógica: os mitos podem ensinar como viver uma vida humana sob qualquer circunstância.

Sagramos bispos, coroamos rainhas, empossamos políticos, investindo uma reserva mística, venerando um fundo mítico.

Fizemos isso com muitas personagens históricas, pretensos heróis, ídolos conjeturados. E continuamos apreciando essa montagem misteriosa, admirando o carisma dessas pessoas.

Jesus Cristo foi uma das mais carismáticas figuras da História. Trabalhou com os anseios de mistérios das pessoas, sugeriu milagres, comunicou muitos recados e interpretações. E proclamou e exercitou o amor, na teoria e na prática.

Vejamos alguns recados vislumbrados por Cristo, através de alguns episódios bíblicos.

São três trechos, que fornecem alguns pontos essenciais para as nossas reflexões:

1) 1 João4,5: "No amor não existe medo; antes, o perfeito amor lança fora o medo. Ora, o medo produz tormento; logo, aquele que teme não é aperfeiçoado no amor"...

2) 1 Coríntios12,13: "O amor é o dom supremo... Ainda que eu fale as línguas dos homens e dos anjos, se não tiver amor, serei como o bronze que soa ou como o címbalo que retine. 2 Ainda que eu tenha o dom de profetizar e conheça todos os mistérios e toda a ciência; ainda que eu tenha tamanha fé, a ponto de transportar montes, se não tiver amor, nada serei. 3 E ainda que eu distribua todos os meus bens entre os pobres e ainda que entregue o meu próprio corpo para ser queimado, se não tiver amor, nada disso me aproveitará. 4 O amor é paciente, é benigno; o amor não arde em ciúmes, não se ufana, não se ensoberbece, 5 não se conduz inconvenientemente, não procura os seus interesses, não se exaspera, não se ressente do mal; 6 não se alegra com a injustiça, mas regozija-se

amores humanos, traições divinas

com a verdade; 7 tudo sofre, tudo crê, tudo espera, tudo suporta. 8 O amor jamais acaba"......

3) 1 Coríntios13, 14: ... "Agora, pois, permanecem a fé, a esperança e o amor, estes três; porém o maior destes é o amor".

Essa amostra de trechos da Bíblia indica o amor como o mais nobre e importante sentimento. Porém, dentro do que se intitula um livro sagrado, evidentemente é entendida como um modelo de grande proveito divino.

O valor divinal não nos interessa. Precisamos balizar o exemplo no referencial de nossa natureza. Então, poderemos defini-lo como a essência existencial, o único alimento sentimental que levaria os seres humanos à harmonia feliz e pacífica.

Em outras escrituras também consideradas sagradas, encontraremos construções semelhantes, mas em todas a mesma dificuldade de aplicarmos adequadamente essa virtude essencial.

Os milênios passam, as mensagens de Cristo, Buda e de outros iluminadores do amor se atualizam no reconhecimento abstrato de seu valor, mas a realização concreta pouco se efetua. Cristãos, budistas, judeus, todas as pessoas conectadas a alguma religião propagam retoricamente o amor, mas não o exercem regularmente.

Este panorama sugere atender às demandas das religiões, à medida que é interessante e convenientemente irrealizável. Isto é, não pára de fornecer subsídios a elas, que continuam cheias de trabalho para ensinar amor, fraternidade, gratidão, caridade e paz aos seus prosélitos, que funcionam como alunos fracassados, pupilos que nunca aprendem. E dispostos a pagar atavicamente por isso.

Emoções e sentimentos mal conhecidos, mas capazes de monitorar nossas escolhas e condutas, vêem guiando nossas vidas. Têm-nos faltado sabedoria e coragem para rever esses destinos.

Focalizemos novamente os medos, os prazeres, os ódios e os amores.

IX
PULSÕES EM PRESTAÇÕES

Os Sentimentos Positivos

Os impulsos de virtudes e bons préstimos raramente se definem de pronto, como acontece com os ruins. As pulsões construtivas são mais paulatinas ou intermitentes.

Embasados na proto-emoção instintiva do prazer, os bons sentimentos favorecem o regozijo, a harmonia individual e coletiva. Vejamos alguns, com a cautela de lembrar que se trata de um exercício de interpretações, em especial o entendimento sobre o amor, sempre indefinível em suas extensões, para que não o limitemos ao circuito da linguagem escrita.

Quando mais se estuda e esforça para definir amor, mais se arrisca a cometer graves erros. É praticamente inviável defini-lo. Isso já o corrompeu, muitas vezes.

Em todo caso, não se pode fugir ao desafio de fazer uma tentativa, inclusive porque se for um esforço tolo, que não faça uma boa configuração, será aproveitado no rumo inverso. Ou seja, imprime-se mais uma idéia do que o amor não é.

Quem sabe, assim, encontrando definições para o não-amor, consiga-se um resultado proveitoso. Isto é, podemos afastá-las do caminho, permanecendo indefinido o amor, mas menos afetado pelas influências dessas derivações equivocadas, pois muitas vezes elas são confundidas com a essência amorosa original.

Usamos muito mal o nome do amor, confundimos lamentavelmente sentidos, serventias e significações. Misturamos ações passionais, vícios emocionais, apelos diversos com impulsos e atos amorosos.

Um exercício sobre os sentimentos positivos, especialmente sobre o amor, mexeria com nossas limitações, destacaria as próprias contradições do autor que critica as cometidas pelos traidores divinos.

A tentativa se sustenta no conteúdo sentimental dos leitores: vocês terão que me amar um pouco para tolerar meu conceito de amor.

A lista de sentimentos positivos é a seguinte:

Admiração – prazer em respeitar, aplaudir, homenagear alguém.

Amizade – prazer em incentivar, apoiar, beneficiar alguém, compartilhar conquistas.

Amor – prazer em promover, satisfazer, acompanhar e liberar o objeto amado; favorecer a paz e o regozijo individual, interna e externamente, nos grupos e na sociedade.

Boa-fé – prazer em crer, acreditar em alguém.

Bondade – prazer em cuidar de alguém, preparar sua melhor evolução.

Coragem – prazer em arriscar um sucesso e suportar qualquer resultado, especialmente o fracasso.

Gratidão – prazer que se estende, que forma eco, que se torna recíproco.

Justiça – prazer da eqüidade, da equivalência entre os pares.

Lealdade – prazer em ser aliado de alguém, em saber que ele conta com você.

Sinceridade – prazer de exercer a verdade, correspondente à honestidade.

Solidariedade – prazer em responder por interesses comunitários.

Zelo – prazer em aprimorar alguém ou grupos, dedicar-se caprichosamente a eles.

A intenção de exercitar reflexões sobre emoções e sentimentos para o aprimoramento e a expansão do mais nobre deles, o amor, exige recorrentes esforços didáticos.

Seria mais simples manter um sistema polarizado, os positivos de um lado, os negativos de outro. Mas tudo que é humano é imperfeito e incompleto, é complexo e envolve exceções.

Pensemos, então, em emoções e sentimentos mistos, com uma bivalência que os intermedia desde as origens, mesclando medo e prazer.

A rigor, o complexo funcional do cérebro "emocional" pode priorizar uma reação em que predominam os elementos mobilizados pelo medo, mas pode ser influenciado pelo cérebro "intelectual", capaz de segurar as emoções negativas. Enquanto não aprendemos a reagir mais espontaneamente com amor, vamos nos defendendo com repressão mental. Alguma ordem moral é melhor do que o primarismo violento que viria de imediato quando sentíssemos os medos.

A lista de sentimentos bivalentes é a seguinte:

Arrependimento – medo de repetir o erro; prazer em se redimir, recuperar-se depois do equívoco.

Caridade – medo de que lhe faltem interesses e proveitos; prazer em distribuí-los.

Compaixão (Dó) – medo de situar-se necessitado; prazer em diminuir a necessidade de alguém.

Humildade – medo de reduzir a auto-estima; prazer em superar a soberba.

Malícia (Esperteza) – medo de não perceber a manipulação de outrem, perder o controle; prazer em negociar.

Paixão – medo de escravizar-se pelo objeto amado; prazer de amar alguém ou algo intensamente.

X
PULSÕES EM CONEXÕES

Em profundidade, como todas as referências humanas são imprecisas, não teríamos sentimentos e emoções puras.

Nossa bússola é seguir no sentido de prestigiar e aprimorar o universo afetivo positivo. Em todas as possibilidades emocionais e sentimentais, portanto, é necessário que objetivemos o medo e subjetivemos o amor. Quando mais concreto, real, científico e racional estiver o medo, melhor. Este é um processo para estreitá-lo, situando-o em fronteiras menores, abordado pelo conhecimento sistemático, sitiado em barreiras metodológicas e diminuindo o seu domínio. Ao contrário, temos que sentir o amor cada vez mais abstrato, invasivo, ilimitado, artístico.

Somos seres racionais e emocionais; os hemisférios cerebrais direito e esquerdo conectam-se natural e adequadamente. Precisamos recorrer a um lado para explicar alguma coisa, ao outro para sentir algo, e das interações entre eles para "sentir pensando" e "pensar sentindo".

O destaque subjetivo do amor não o torna exclusivamente abstrato. Ele pode e deve ser avaliado, medido, comparado, como qualquer outro fenômeno humano, como veremos no próximo capítulo.

Tentemos uma extrapolação conceitual. Uma analogia do melhor afeto com uma tragédia médica: o melhor amor seria expansivo, com a força de um tumor extremamente maligno, que crescesse e se espalhasse predominantemente, prevalecendo sobre os controles dos medos. Através desse grande e rápido crescimento benigno, disseminaria benefícios, graças, bom desenvolvimento, alastrando felicidade individual e entrosamento comunitário.

Quem sabe, favorecendo até as terapêuticas de quadros dramáticos, evoluindo para um maravilhoso amor tumoral. A maravilha fica por conta do afeto, o tumor pela propriedade expansiva, mas nos interessa a expansão antimaligna, como um brotamento veloz de benesses. Essa gemulação afetiva se espalharia em todas as direções, abrangendo pessoas saudáveis e adoecidas, novas e maduras, o meio-ambiente.

O rápido e abrangente desenvolvimento, nessa analogia amalucada, não poderia dispensar a idéia de metástase. O amor se espalharia para todo lado, formando focos de alta distribuição, beneficiando todos os doentes, facilitando a superação do próprio câncer, a pesquisa e a produção das vacinas e tratamentos necessários para os flagelos da humanidade que eventualmente surgirem.

O paradoxo do tumor amoroso é uma montagem conveniente, cuja contradição pode ser comparada a alguns arranjos das religiões, mas nem de longe teria o caráter traiçoeiro desses, focos salientes dos nossos combates.

XI
REFERÊNCIAS E REVERÊNCIAS

Observamos o surgimento crescente de conceitos sobre as atividades cerebrais, mentais, emocionais e sentimentais em vários pontos da atividade científica e religiosa. Infelizmente, os relatos experimentais e os depoimentos místicos mostram-se doutrinários, ambos. Eles seguem as diretrizes das comprovações objetivas das ciências e os rituais subjetivos das religiões. Mesmo os considerados inovadores, muitas vezes celebrados como uma grande descoberta ou revelação extraordinária, trazem esses acatamentos dogmáticos.

Para os propósitos científicos e as necessidades das igrejas, as obediências metodológicas e os rituais sentenciosos funcionam muito bem. Mas, para a compreensão e a promoção do amor, não.

Temos acompanhado a evolução dos padrões "Q" nos tempos atuais.

O primeiro foi o "Q. I.", cujo esboço é da primeira década do século XX, com as primeiras mensurações de inteligência por Alfred Binet, avaliando crianças. Durante muito tempo, especialmente depois de adaptado ao adulto, o Q.I. popularizou-se. Permaneceu respeitado pelas comunidades científicas, mas foi servindo mais ao entusiasmo competitivo de cérebros colegiais e universitários. Como toda forma de avaliação apontada por números, criou níveis de seleção mental, tentando prestigiar gênios, identificar celebridades matemáticas e contemplar pessoas com nível acima da média.

Na última década, tivemos o "Q.E.", o quociente emocional, criado por Daniel Goleman, em 1995. O conceito de "inteligência emocional" implica a conduta equilibrada que se sustenta em situações estressantes e que permite otimizar desempenhos.

Mais recentemente, um trabalho de Danah Zohar sugere o "S. Q.", a sigla inglesa indicando *Spiritual Quocient*. Seria, portanto, um "quociente espiritual", que procura exceder os "Q" anteriores.

Um número que avaliasse um dom espiritual mobiliza polêmicas de todos os tipos. Logo vêm os céticos especulando sobre o "ponto de Deus" no cérebro como investigação de interesse científico. Ativam-se os espiritualistas, também, que falam desta idéia de outro modo, como se o elo entre o corpo e a alma estivesse revelado.

Todos esses quocientes têm valores indiscutíveis, são úteis em várias circunstâncias, mas não favorecem a extensão dos vínculos amorosos, mesmo se referindo a interações emocionais e espirituais. Eles servem mais à competição intelectual e psicológica, à pretensão profissional, ao jogo do mercado.

Na linha da atenção mercadológica, temos também o conceito de "inteligência moral" de Doug Lennick e Fred Kiel, em 2005, voltado para as carreiras de executivos de liderança.

As grandes empresas, interessadas em impressionar e controlar funcionários e candidatos à admissão, usam esses parâmetros como oportunidade para oferecer testes e cursos de impacto modista, com perfil motivador e apelo novidadeiro, atiçando disputas internas, provocações vaidosas e convenientes às suas metas comerciais.

Desenvolver melhores índices de um quociente espiritual bem conectado ao complexo corporal seria uma perspectiva mais construtiva e interessante para os homens quanto mais pudéssemos aplicar amor em nossas relações.

ÍNDICE AMOROSO

Falta-nos atinar com um "Q. A.", um quociente amoroso, um critério que combinasse aplauso e crítica afetiva, que mostrasse claramente a deficiência sentimental e o potencial de amor humano.

O Q. A. teria que ser muito abrangente, ainda que humano, obrigatoriamente imperfeito e limitado. Instável e ativo, sempre expansivo, no entanto. Simplesmente por se tratar de um coeficiente implicado em amor, teria uma dinâmica construtiva e um alcance praticamente infinito.

O Quociente Amoroso (Q. A.) envolveria recursos objetivos e subjetivos, científicos e empíricos, sagrados e profanos, concretos e abstratos, acolhendo quaisquer etnias, credos, gêneros, critérios físicos e metafísicos, pessoas batizadas e pagãs, materialmente ricos e pobres, jovens e idosos, empregados e desempregados, belos e feiosos, mental e fisicamente saudáveis e doentes. Evidentemente, todos os seres humanos, quaisquer fossem suas origens e características.

O Q. A. não seria um programa demagógico, de imaginação hipócrita. Nem um sistema retórico de ordem política ou sociológica. Trataríamos de estudar, favorecer e expandir todos os intercâmbios amorosos.

À busca de um Q. A. cada vez maior e melhor, assumiríamos as penúrias da deficiência sentimental, reconhecendo-a como a mais importante das limitações humanas, ampliando as chances de combater todas as outras.

Seres humanos com Q. A. elevado dispensariam as convenções vetustas, os antigos e banalizados vícios reprisados ao longo da História. Entre eles, relegariam a planos secundários e históricos – no sentido de fatos passados mesmo – muitos grandes valores do mundo de hoje, como as classes econômicas, a comparação vertical entre profissionais, as competições sexistas, os exageros consumistas, os esportistas dopados.

O amor humano, em processo de aprimoramento constante e contínuo: esta é a essência suficiente para a fruição de uma vida prazerosa, justa, sadia, elegante e pacífica.

Vejamos um levantamento sintético da vida amorosa em pleno exercício.

O afeto humano diferenciado significa a melhoria geral da vida. Em mais uma forma esquemática, seria:

Convoca e ratifica a verdade.

Compartilha o bom humor.

Espalha a satisfação.

Promove os cuidados higiênicos.

Trata da saúde, prevenindo e remediando.

Ensina, educa.

Diverte a maioria das pessoas.

Acompanha a evolução humana da infância à senescência.

Supera a vaidade exagerada.

Favorece a generosidade.

Erotiza os pares.

Espiritualiza as relações.

Sufoca o fôlego do mercado.

Distribui melhor a renda.

Contempla a ética.

Pesquisa para o bem-estar.

Freia a corrida armamentista.

Cultua a arte.

amores humanos, traições divinas

Despreza as más políticas.

Esquece os preconceitos.

Diminui as imposturas.

Aumenta o tempo de vida.

Tudo isso dentro do enredo mortal, sem nenhuma expectativa de superação da morte e crença na alma eterna.

Os parágrafos desse inventário simulam campanha eleitoral, e endossam a idéia de que nós todos, inclusive os políticos, sabemos teoricamente do que precisamos e o que desejamos. Demagogicamente ou não, pelo menos na teoria, estamos em posturas unânimes, confirmamos a premência de pulverizar amor na humanidade. Na prática, o predomínio dos medos e os desvios decorrentes sustentam as mentiras e os engodos.

No exercício da política, não há projeto que suporte um questionamento mais grave e aprofundado sobre a religião e as ilusões da imortalidade. Para alcançar o poder, já houve candidatos ateus e céticos que se declararam crentes de grande devoção.

Não sei quem seria o autor do judicioso bordão: "Se quiser enfraquecer uma pessoa, dê-lhe poder". Eis uma afirmação irrefutável, pois é mesmo impressionante a fraqueza que toma conta do poderoso. Talvez ele incremente demasiadamente o medo, percebendo que a escalada, na realidade, não o endeusou, só reafirmou seu limite humano. Quanto mais poderosa, a pessoa atola-se no estrelismo, reforça o ego narcisista e se afasta do amor.

O Deus que criamos seria a única entidade que reúne todos os poderes, não enfraquece, e ainda é o modelo perfeito de amor. Se abalarmos essa convicção, abriríamos um caminho novo, um horizonte a ser explorado.

Parece que os níveis medíocres de amor que trocamos padecem de um conflito de poder que deveria ser muito bem trabalhado. Esclarecer essa possibilidade seria uma pista decisiva no esforço de avançarmos nos vínculos afetivos humanos.

Um alto quociente amoroso promoveria uma ampliada e necessária "inteligência amorosa", uma combinação adequada e profícua de convivência e evolução humanas. Exigiria mais verdade, investigações sentimentais ampliadas, menos desvios perversos e promoveria as virtudes, desprezando a mentira.

Aumentando progressivamente o quociente amoroso no casal, na família, no trabalho, no ambiente social do microcosmo de cada um, atuaríamos com inteligência amorosa cada vez maior. Desse modo, recorreríamos raramente às falcatruas e aos embustes, seríamos muito menos vulneráveis aos golpes políticos, às manobras de mercado, às tramóias e ardis.

Amando-se mais e melhor, os seres humanos não mais conseguiriam enganar-se.

O nível atual de pilantragens, safadezas e equivalentes, mascarados por imposturas e dissimulações, seria insustentável em uma sociedade de amor humano predominante.

XII
PROJETOS E TETOS

Não podemos viver sem projetar algumas metas e dedicar grande empenho em atingi-las. Os sonhos vão nos motivando e os fatos nem sempre correspondem aos sucessos desejados, porém o circuito não pode parar.

Os limites podem ser superados, as projeções serão readaptadas, as decepções, inevitáveis, as gratificações realimentarão as propostas e vamos seguindo a vida.

Temos a consciência de que, perto do que seria possível, conseguimos muito pouco. As utopias sucedem-se, sustentando-se como fantasias irrealizáveis porque os resultados são parcos. Não pretendemos castrar nossas inspirações utópicas, mas o início de mais um milênio convida a repensar o que falta ser feito.

O momento é oportuno para uma reflexão que favorecesse uma guinada, uma nova maneira de viver o amor, uma verdadeira Revolução Sentimental.

Mário Quintana incentiva-nos:

> *Se as coisas são inatingíveis... ora!*
> *Não é motivo para não querê-las...*
> *Que tristes os caminhos, se não fora*
> *A mágica presença das estrelas!*

Precisamos amar de modo aprimorado, com mais intensidade, qualidade, no plano dos casais, nos núcleos das famílias, e abraçar sentimentalmente todas as pessoas, em todos os locais.

De alguma outra maneira, isso já foi tentado, em várias ocasiões. Iniciativas que apontaram para uma revolução amorosa são históricas e contundentes. O próprio Jesus Cristo fez todo o seu calvário, deixou uma iluminada lição de amor, mas poucos alunos conseguiram dar uma seqüência produtiva ao esforço cristão original.

Pessoalmente, sinto-me um admirador do trabalho afetivo de Cristo, quero ainda aprender muito mais com ele, transmitir muitos dos seus ensinamentos e exemplos amorosos, mas não me convenço de atuar como seu pupilo no âmbito religioso. Ou seja, quero identificar-me "cristão", bem como poderia ser um seguidor de Alá, também um budista, sem me comprometer com os recursos divinos ou semidivinos desses personagens. Pretendo copiá-los, imitá-los nas ações afetivas, nos exemplos sentimentais, nunca em suas propriedades de deuses.

Pode-se pensar que Jesus Cristo, a figura mais conhecida no Ocidente, não "criou" uma igreja nem uma religião. Aliás, "negou" os dogmas da religião em que nasceu e desenvolveu uma grande missão filosófico-amorosa. Quando isso é resumido em uma montagem "cristã", parece que sofre reduções graves e retorna a um conjunto dogmático.

O amor não pode confinar-se em posições sentenciosas. As religiões definem suas doutrinas em sentenças pedantes, definitivas. E também induzem seus prosélitos a acreditar no amor perfeito de Deus, que também é apresentado como um dogma.

Pode ser que o amor divino seja peremptório, de caráter indiscutível. Mas isso só serve para deuses, seres sobrenaturais. Penso que os modelos de amor em padrões de divindade podem destruir os propósitos humanos de amar, à medida que o nosso afeto necessita de discussões, reparos e revisões.

amores humanos, traições divinas

O exercício de Cristo teve referência exemplar e praticamente exclusiva quanto aos milagres. Ele os realizava em nome de Deus, em ofício politicamente ajustado às atenções dos adeptos e de fiéis em potencial.

Na convivência com seus próximos, as condutas e idéias de Cristo tiveram muitas repercussões não relatadas, desconhecidas. Os coetâneos divulgavam fatos e interpretações de boca a orelha, quase sem registros. Os relatos dos evangelhos ilustram que as ações milagrosas mais habituais foram restauradoras das deficiências, necessidades e limitações corporais. Assim, o cego pôde ver, o aleijado andar, os convivas conseguiram comer, o morto ressuscitar.

Não seria mais adequado um serviço espiritual que, ao invés de recuperar a saúde do corpo, de restaurar a carne, conduzisse à salvação das almas, ainda que continuassem doentes, restritas e até mortas? Não seria esse o principal e definitivo papel de Cristo, o de salvador de espíritos?

A importância de restituir a visão, livrar uma pele de lesões leprosas, devolver a vida a alguém, parece infinitamente menor do que receber um milagre espiritual, ter a salvação da alma encaminhada e resolvida ali mesmo, diante do filho de Deus. Ele seria a própria força anímica, o mais sublime e bondoso dos espíritos, o anjo exemplar.

A Santíssima Trindade é um dogma católico que realça quantitativamente a composição espiritual predominante: das três entidades conjuntas, são dois espíritos e meio e só meio corpo. Ou seja, o Deus-Pai, o Espírito Santo, ambos totalmente espirituais, e o Filho, metade corpo, metade alma.

Os trabalhos miraculosos deveriam ser expressões simbólicas do poder divino, muito mais espiritual do que carnal. Cristo, representando a espiritualidade divina, deveria salvar as almas, em absoluta prioridade.

Podemos inferir que os escribas dos evangelhos, homens comuns, subverteram essas ações, reduzindo-as à dimensão do corpo, valorizando a recuperação carnal.

Quando se relatam episódios que envolvem os anjos do mal, os pactos com os demônios são diferentes. Eles vão, de modo direto, aos espíritos dos pecadores, que lhes vendem explicitamente suas almas.

O Messias, à frente do pecador, por que não o liberou das culpas e fraquezas, salvando-o para a eternidade, em vez de curá-lo somaticamente, satisfazendo a ansiedade temporal, na dimensão carnal, e não o projetou para o horizonte espiritual?

Receber um milagre é a demonstração inequívoca de que o penitente foi escolhido por Deus para a salvação eterna. Maior convicção seria impossível. No momento em que foi objeto do ato miraculoso, ele já entrou no céu. Devolvê-lo com a carne refeita à ordem mundana é um absurdo. O que faria, agora, esse supercrente, que está com a alma limpa, resolvida, totalmente entregue a Deus? Ele nem mais precisaria exercer a fé, já que esse exercício não cabe para quem se define 100% convicto de sua crença. Como retomar o livre arbítrio, se não há dúvida ou chance de escolha em sua consciência?

Em outro relato do Novo Testamento, sobre a aparição de Jesus a Paulo (2Coríntios12: 8,9), traz o trecho: "...Basta-te a minha graça, porque a virtude se aperfeiçoa na enfermidade...". Aqui se confirmaria a contradição, à medida que os padecimentos corporais facilitariam as redenções espirituais e os atos milagrosos aliviaram os corpos das doenças. Se é preciso continuar adoecido para ter a graça espiritual, o milagre restaura a carne para que ela apodreça de novo!

Nada disso seria cabível se a cura fosse realmente do espírito. Um homem de pouca fé, estivesse com o corpo doente ou sadio, necessitaria de um milagre espiritual que o preenchesse inteiramente da crença em Deus. Aí estaria definido como ser eterno, alma imortal conectada definitivamente ao Senhor. Doenças, deficiências, limites, não mais teriam importância. A doença terminal e a própria morte seriam interessantes para acelerar a fruição do céu.

Em reações de ódio, anelos de vingança, o sujeito atira no algoz dizendo: "apodreça no inferno". Realmente é difícil pensarmos de modo espiritual. Tendemos a funcionar com a predominância carnal, de maneira tola e descabida. A alma, de acordo com as doutrinas religiosas, é permanente. O corpo, conforme nosso conhecimento, é perecível. Essa distinção temporal já seria absolutamente taxativa para demonstrar a supremacia da alma. Não há como insistir nos valores do corpo nem o estender para após a morte.

Proporcional e respectivamente, um deus seria inviável como ser vivente, jamais poderia avaliar-se na condição real de ser humano. A própria experiência de Jesus Cristo, descrita como uma demanda do filho de Deus que se fez homem, não foi uma verdadeira vida humana. Reconhecer-se um messias, cumprir sua função como filho de Deus, distinguia-o dos demais. Ele nunca teria dúvidas de fé – não poderia descrer dele mesmo!

O trabalho de Cristo foi parabólico, cheio de metáforas. Podemos argumentar que a recuperação corporal foi uma maneira indireta de mostrar o caminho da salvação da alma. O paciente que se cura de um câncer, depois de aproximar-se tanto da morte, faria uma revolução espiritual, desenvolvendo uma nova vida anímica, grande reforço de fé. O milagre poderia ser um meio, não um fim.

No entanto, usar do benefício corporal para viabilizar a capacidade revolucionária do espírito pode ser um anti-serviço amoroso. Curar a carne pode facilmente seduzir a pessoa a ponto de criar uma crença ou estender a que já existia.

É sugestivo que Cristo, ele próprio, acreditasse que o pecador não atingisse a plena convicção. Ou que, na verdade, ele não poderia lhe oferecer o céu. Quem sabe, em certo ponto, a fé de Cristo pudesse claudicar. Afinal, ele estava comportando-se como humano.

Para que o indivíduo agraciado com o milagre queira continuar vivo, há que preferir a salvação somática, mais que a espiritual. Uma vez corporalmente "salvo", parece que ele retomaria a ilusão que o mergulha na imortalidade, por ter obtido mais tempo mortal, pela chance de maior sobrevida. É como se nascesse de novo para a vida que o matará e não para a morte que o salvará. E mais: nem percebeu que já estaria salvo, se morresse com o milagre.

O agente dos milagres teria os poderes sobrenaturais. Portanto, seria capaz da maior mágica: superar a morte. Os benefícios extraordinários para o corpo, as curas impossíveis, os atos prodigiosos creditam-no para essa superação. Mesmo que, na mais pura das intenções, ele esteja empenhado na alma do bem-aventurado, em primeiro lugar, o maior interesse é pela manutenção corporal.

A ação miraculosa não deveria obedecer à ordem que valoriza o corpo, mas revolucionar o contexto mais profundamente e realçar a morte, já que ela seria a passagem para a eternidade garantida.

Os grandes gurus, os mais preparados e desenvolvidos líderes religiosos, com a maior pureza de intenções ou levados pelo mau-caráter, sabem que terão que prometer a vida eterna, oferecer o triunfo sobre a morte, para arrebanhar fiéis.

A sagração do espírito pode representar o verdadeiro foco dos prodígios do milagreiro de crença autêntica, mas ele terá

amores humanos, traições divinas

que oferecer a salvação do corpo para ser bem-sucedido. O homem recorre à imortalidade espiritual porque sabe que não pode manter um corpo eterno. Se descobrirmos uma forma de segurar o envelhecimento, não mais nos preocuparíamos com as perspectivas do além.

A ressurreição, pela doutrina dos cristãos, e a reencarnação, pela dos espíritas, precisam argumentar com os corpos, refazendo-os vivos no Juízo Final ou reciclando-os na perspectiva confortavelmente indefinida (infinita?) da metempsicose.

Seres humanos, conscientes da temporalidade evolutiva, do processo degenerativo (até agora incontornável) pelo qual o corpo caminha para a morte, inventamos qualquer coisa, aceitamos negócios e propostas de toda ordem, para nos valorizar como eternos, para garantir salvação e a imortalidade.

Temos que pensar criticamente nessas demandas. Curar milagrosamente o corpo dificulta o aperfeiçoamento da alma.

Podemos especular se Cristo providenciou os milagres descritos nos textos ditos sagrados com intenção publicitária, sabendo da reação dos seguidores. Uso intencionalmente a noção de publicidade de modo anacrônico, pois ele soube agir como um excelente "marqueteiro" atual.

Os súditos se encantariam com todas aquelas provas de grande poder, que os convenceria a consumir a marca "Cristo". O magnífico trabalho publicitário serviria até como argumento de sua diferenciação, aproximando-o da identidade divina, como Deus ou seu filho. Pelo menos, como uma pessoa excepcional, capaz de recorrer a processos de extraordinária persuasão, convencendo os homens comuns.

Porém, faltou alguém importante, talvez um estrategista de *marketing*. Melhor assessorado, faria um trabalho que realmente salvasse o mundo de imediato, sem a promessa de um sítio paradisíaco após a morte. Ele poderia salvar os vivos e não os mortos. Aqueles cobrariam a propaganda enganosa, esses não teriam como tomar iniciativas.

Especulações não faltam para nós, seres humanos curiosos, cheios de ansiedade em ultrapassar limites dos homens, loucos para ganhar o *status* de deuses.

Alain de Botton, filósofo suíço, expondo-se em atividades menos acadêmicas, escreve para leigos e desenvolve vídeos educativos sobre a biografia dos clássicos da filosofia. Ele incita-nos a pensar na demanda dos homens pelo renome, o *status* na sociedade, e na falta ou falha de amor correspondente.

Amor falho ou insuficiente dá margem para a competição predatória. E tem sido mais fácil entrar nela do que reverter o sistema. Cristo poderia ter facilitado o caminho do amor humano, mas só consolidou o divino.

Por outro lado, podemos imaginar que os redatores das histórias cristãs privilegiassem as próprias expectativas, suas tendências, esquecendo outras vivências do Cristo, nas quais ele tenha respeitado mais as perspectivas espirituais.

Sejam quais forem as diferenças entre fatos e relatos, os textos restringem-se ao contexto corporal e orientam-se no plano temporal. Tudo feito de encomenda para contemplar as expectativas dos homens, entes mortais, neste planeta, não aproveitando e contradizendo as projeções da imortalidade, onde não importam o tempo nem a saúde do corpo.

XIII
SELEÇÕES E PRESSÕES

As mensagens que nos são convenientes, que friccionam carinhosamente nosso ego, em massagens de vaidade, ambição e pretensão, tendem a promover e reforçar equívocos e ilusões. Esses parâmetros, apesar de interessantes, com grande força sedutora, podem funcionar como verdadeira propaganda enganosa, aviltando nossos mais nobres valores afetivos.

Iludidos, poupados, supostamente isentos de perdas, superamos as fronteiras mortais. De acordo com o que nos pressiona, achamos o que nos seleciona.

Aí residem algumas das principais traições humanas (divinas): os homens enganando-se, dizendo-se espiritualmente capazes de superar a evolução mortal, atribuindo à espécie qualidades de materialidade e/ou espiritualidade imortal, sabotando os principais e legítimos valores humanos, iludindo e cavilando a si mesmos.

O requinte da pretensão faz pensar que essas políticas correspondam a traições verdadeiramente "divinas"! Há uma sabotagem qualitativamente vigorosa nesse empréstimo do adjetivo, mas isso não é percebido nem discutido pelas pessoas. Elas seguem traindo Deus divinamente...

São tão importantes e decisivas essas suposições, a sabotagem é tão poderosa e histórica, que já invadiu outros limites. Temos nos intrometido até nas paradimensões, mesmo sem saber se elas existem; especulamos sobre espíritos, criamos métodos e teses sobre almas, anjos, demônios, demiurgos etc.

Tudo o que nós, seres humanos, consideramos adequado às divindades ou a um único deus, o que qualificamos com o adjetivo "divino", merece uma dedicada revisão.

Entendemos Deus onipresente, onisciente e onipotente. O exercício dessas potestades implica um domínio completo sobre tudo, pelo menos nas compreensões e alcances que podemos arriscar.

Para as criaturas, então, o Criador está em todos os lugares, sabe e pode tudo. Não bastaria esse contexto? Temos que idealizar um plano temporal de Deus e intrometermo-nos nele? Incluir-nos no amor e na vontade Dele? Obrigar-nos a amá-Lo sobre todas as coisas, glorificá-Lo e render-Lhe aleluias a todo momento?

Pensamos que Deus tenha necessidades e carências, que Ele aspira ao amor das criaturas, como qualquer pai anseia pelo afeto dos filhos. Interpretamos que Deus tenha vontades e conceda graças, atenda a pedidos, altere o destino que Ele mesmo oniscientemente domina.

Uma das maiores traições divinas, talvez a mais grave delas, aquela em que extrapolamos, batemos recordes de abusos em ambivalência e iniqüidade, é resumida nas pequenas frases: "Deus é fiel", "Deus é amor" e "Em Deus nós confiamos". Elas estão estampadas, muito freqüentemente, em cartazes, pára-brisas de automóveis, inscritas em cédulas de dólares, em camisetas de futebolistas.

Locuções de pretensão axiomática atribuem-se onipotência indiscutível, como se fossem verdadeiros recados divinos. Proposições humanas perdem-se nesses exageros de contradição, desprestigiando as qualidades da entidade Deus. Não cabe jamais exaltar a fidelidade Dele em comparação com a humana! Que disparate, como é possível essa loucura? Como mostrar

amores humanos, traições divinas

o exemplo divino nivelando-o à falha dos homens, ou pretender que um ser humano chegasse a ser como Ele?

Pensemos sobre "Deus é fiel". Valeria para nós uma fidelidade de Deus? E a infidelidade Dele, a que se prestaria? Alguém, uma pessoa, um ser humano (bem humano!), deve ter desconfiado dessa virtude divina para manipular a frase. Em atitude defensiva, ao estilo de uma formação reativa, realçou o contrário do que imaginou!

O manipulador deve ter explorado o episódio bíblico (1Coríntios10,13) em que Paulo assim mesmo se expressa, usando a sentença: "Deus é fiel", mas se referindo às tentações que Deus enviaria às pessoas, nunca mais pesadas do que cada uma pudesse suportar. O mais adequado seria que os crentes estampassem por aí: "Sou fiel a Deus", assumindo suas posturas diante do Senhor Pastor e não querendo realçar a virtude divina para seduzir e convencer as ovelhas, mantendo-as no rebanho.

André Comte-Sponville reflete sobre o sentido da vida e de Deus, indicando que Ele só poderia criar por subtração, a criação é a "diminuição divina que Valéry evocava: 'Deus e todas as criaturas fazem menos do que Deus sozinho'. Religião: descida. Por ser todo o bem, Deus só pode criar o menos bem...".

As ansiedades e os sonhos nossos, de meras criaturas, que seriam menos do que Deus, exigem um sentido último para a vida, algo que a explique definitivamente e transcenda a morte, resolvendo quaisquer dúvidas, verdadeira tarefa para deuses.

Queremos respostas maiores, soluções superiores, resultados perfeitos, sucessos divinos para as buscas humanas. Misturamos tudo, levianamente, Deus e homens, Criador e criaturas, seres perfeitos e imperfeitos.

A malícia, um dos sentimentos bivalentes sob a nossa sistematização do cap. IX, entra aqui com a sua valência ruim. Ela é um traço de características bem humanas, própria do perfil de entes fracos, plenos de medos, com muitas imperfeições. Essa falha espiritual vem compondo magníficas e divinas traições. Em matéria de leviandade, de recursos pérfidos, de políticas ardilosas, nós, humanos, somos quase perfeitos!

Recorremos à malícia como uma virtude, capacidade dos espertos que não se deixam enganar. Porém, essa esperteza não cabe na suposta relação com Deus, talvez por entenderem que não conseguem exercer controle sobre Ele. Aí, os argutos preferem mostrar uma inocência bem conveniente.

Entre humanos, tememos usualmente que nos enganem, desconfiamos ativamente dos outros. Há reações ciumentas, especulações paranóides de toda ordem. Não aplicamos as mesmas preocupações na estimada interação com Deus, uma conjetura que teria tudo para ser suspeita!

Os gregos antigos conseguiam estruturar uma riquíssima miscelânea cultural, desenvolvendo uma fabulosa mitologia. Deuses, semideuses, mortais, enroscavam-se na realidade e na fantasia, implicando atos infiéis, traições, vinganças, paixões infinitas etc.

O Deus único que se reconhece na grande maioria das vertentes religiosas de hoje estaria em outra dimensão, inacessível aos humanos. Ele só poderia ser fiel com seus pares. Ou, nas coordenadas das divindades, amaria ou trairia alguém também divino, nunca humano.

O Criador, como ser divino, não pode negociar, dever obrigações, cumprir compromissos, estar em equivalência com a criatura que é humana. Não é um relacionamento entre pai e filho.

Usa-se dizer que "Deus é pai", principalmente quando se acredita que Ele agraciou um suplicante, abençoou um felizardo.

amores humanos, traições divinas

Estes retribuem com os tradicionais clichês: "dou graças a Deus", "sou abençoado pelo Senhor", "é a luz divina que me faz iluminado" etc.

Se a relação fosse entre um pai e um filho, ambos seres humanos, poder-se-ia admitir que houvesse um privilégio de filho, uma preferência paterna, mas do Criador de todos para uma determinada criatura, não há o mínimo propósito.

Retrucar-se-ia, argumentando que os propósitos divinos não são acessíveis aos homens, evidentemente. Então, na medida em que desconhecemos as planificações de Deus, cabe menos ainda imaginar que Ele abençoaria alguém, escolheria ou iluminaria determinada pessoa.

Vivemos ansiosos por recompensas, acostumados a seleções que nos classificam em categorias ordinais. Submetemo-nos a concursos, competição dos vestibulares, apesar de queixas recorrentes sobre injustiças e manobras corruptas. Seduzem-nos disputas em esportes, prêmios, medalhas e equivalentes. Esse sistema incentiva o desejo de alcançar títulos, primeiros lugares, atingir os topos, chegar ao "número um".

Reclamamos desse contexto, porém cooperamos com ele, minando nossas cabeças com essas antinomias, fascinando-nos com os ideais de vencermos a morte, sustentando o desejo de que tenhamos almas imortais e o de receber individualmente uma distinção divina, uma dádiva maravilhosa, uma luz diferenciada com foco exclusivo.

As traições religiosas conseguem manter esse jogo de interesses ativo e persistente, atendendo os ideais viciados dos humanos e contradizendo o valor espiritual Divino, permeando-O de vícios.

É estranho, curioso e quase insensato supor que um ser divino tenha alguma semelhança com o ser humano. O manancial de distinções é uma categorização enorme de qualidades: é um ser eminentemente espiritual, imortal, onisciente, onipresente, onipotente, infinito, todo-poderoso, eterno, que dispensa espaço e tempo, que não se limita a nenhuma dimensão das coordenadas humanas, capaz de criar tudo do nada, que não passa por fases evolutivas, que não nasce, cresce, diminui, morre, que existe independentemente de um corpo, que não necessita de aprendizado, de afeto, de prazer, de comunicação, de amor. Corresponderia, a rigor, a um ser anti-humano!

É inaceitável teimar na idéia de que Ele anseie por algo, que "seja feita a Sua vontade", como repetimos em muitas orações padronizadas. Se tivesse vontades, Deus seria comparável ao torcedor que rói as unhas em uma arena esportiva, querendo desesperadamente a vitória do seu time.

Não cabe pensar que Ele fique na torcida para conferir um resultado, para um dia checar se nós O respeitaremos acima de todas as coisas, nem que tenha clemência, compaixão das criaturas, que reconheça aquela que mais O ama, e que lhe devolva bênçãos e graças.

E seria ainda mais intolerável a contradição do livre-arbítrio regulado por Ele. Se há uma liberdade, se Deus permite aos homens as escolhas, a decisão de seguir ou não o próprio caminho, como é que Ele aponta uma trajetória como a que deve verdadeiramente ser seguida? Nós, seres perecíveis, não podemos definir nosso último destino pela perspectiva de um julgamento divino, um critério de Deus que selecionaria os méritos das condutas.

Não estamos discutindo as virtudes da justiça divina, mas nos convocando a uma reflexão imediata, que revise as fraquezas que impedem as boas escolhas, a harmonia amorosa, o bem-estar geral.

amores humanos, traições divinas

Melhorando a interação solidária, o nível de felicidade global, o prazer e o amor universais, escolheremos um caminho bom para nós. Poderia até coincidir com o parâmetro divino, se houver, mas não dependeríamos disso. As indagações vão revelando: o referencial de divino pode ser simplesmente um desejo humano.

Sabemos das capacidades de nossos desejos, dos vigores de nossas vontades. Enquanto são úteis às necessidades humanas, às transformações de que carecemos para beneficiar a humanidade, não podem ser atenuados. Mas, quando força de vontade e energia de desejo são mobilizadas a serviço de acomodações vaidosas e glórias narcísicas, temos que criar um firme sistema de defesa contra elas.

XIV
CRENÇAS E SENTENÇAS

Refletindo sobre essa desejada relação entre Deus e os homens, observamos que nós agimos de modo extremamente tendencioso, bem parcial, como grandes interesseiros.

A parcialidade é abusiva, inclusive, quanto a nossa pretensa origem. Temos registrado que o homem foi feito à imagem e semelhança de Deus. Uma contrição rigorosa retificaria essa definição e até promoveria um conceito inverso: na verdade, parece que Deus (ou, pelo menos, a nossa referência Dele) é que foi feito à imagem e semelhança do homem!

Nos pressupostos do início e nas previsões, usamos reconhecer que "o futuro a Deus pertence". E o passado, não?

À medida que há registros e testemunhos do que já aconteceu, somos confortavelmente seduzidos a fazer o juízo do sucedido. Escavações arqueológicas, revisões de documentos, perícias diversas vão servindo a esses esclarecimentos. Ultimamente, existem até especulações sobre a autenticidade de textos antes considerados sagrados e intocáveis.

As técnicas sofisticadas de hoje dão aos homens alguma segurança científica sobre os fatos passados, um conhecimento suficiente para que os recursos divinos não sejam evocados.

Quanto ao resultado do que vem à frente, não podemos garantir nada, não sabemos o suficiente. Em conseqüência, Deus é solicitado, a Ele pertence o futuro.

Quase em tom de brincadeira, dirigi aquela pergunta impertinente do cap. V. Com uma única exceção, todos preferiram ter a vida eterna, mesmo que fosse um futuro dominado pelo demônio. A pessoa que preferiu o passado perpétuo disse que a companhia divina era o mais importante, mesmo que juntos fossem para trás.

OPÇÕES ETERNAS

A questão agora é para o leitor que acredita ter uma alma imortal, se lhe coubessem definitivamente apenas duas opções.

Lembre-se de que Deus é espírito sempiterno, não existe tempo em nenhum sentido para Ele, nem para frente nem para trás, não há início nem fim. Deus está no que existe, no que já existiu e no que existirá. Para esses espíritos humanos que se consideram imortais, a vida é eterna só para frente, há início mas não há fim.

Quem seguisse a primeira opção, morreria corporalmente agora e iria com Deus em direção ao passado, vivendo para sempre no destino do antes, ficando para sempre impossibilitado de conhecer o futuro.

A segunda chance: entregar agora a sua alma ao diabo e deixar o futuro por conta dele, sem saber quando morreria corporalmente – como é típico em nossa prosaica perspectiva – mas com a certeza de haver uma eternidade garantida à frente.

Mesmo na companhia do demônio, a segunda opção é mais atraente, tende a ser mais escolhida. O exercício, apesar do não-compromisso estatístico, reforça a idéia de que o que nos seduz é a perenidade futura, é a grande ilusão de superar a morte.

Só mesmo quem ama, quem desempenha um amor humano exemplar, ainda que o objeto seja Deus, como mostrou a única pessoa a abrir mão do futuro, seria capaz de ter forças para o mergulho no passado. O futuro sugere vida, o passado parece velho, algo que está morto. O amor permite essa possibilidade – por isso vale a pena destacar esse exemplo – de você entregar-se ao velho, mergulhar no morto.

Temos manejado as circunstâncias a nosso bel-prazer, jogando para adiante a importância de Deus, resgatando Seus poderes à hora conveniente, esquecendo Dele em tempos de satisfação, replicando as orações diante das dificuldades.

As religiões costumam criticar os prosélitos, por eles se esquecerem de dar graças a Deus em várias oportunidades. Sentam-se à mesa, vão comendo sem um mínimo agradecimento, muitos se lembram Dele somente em situações de grandes desesperos.

Os crentes que, a todo o momento, estão dando "graças a Deus", associando qualquer bom resultado, uma viagem sem acidentes, uma cirurgia bem-sucedida, um prêmio profissional, a uma ação divina, projetam-se especiais e distinguidos dos demais.

Todos já ouvimos de alguém: "Deus lhe dê em dobro o que você me ofereceu". O abusado e o interesseiro chegam ao requinte de dispensar-se da gratidão e delegá-la ao Senhor... E que dificuldade flagrante de interagir com amor humano!

Os que apenas dão "graças a Deus" agem com mais humildade. Há aquele que se sente abençoado e se expressa automaticamente, repetindo o estereótipo sem pensar no assunto. Ele exibe um sorriso de satisfação que o diferencia como divinamente agraciado.

O clichê manifestado de modo subconsciente ou profundamente inconsciente não exime o manifestante de suas pretensões narcisistas e injustas. Aquele que dá graças a Deus por algum sucesso define-se como um filho preferido, no mínimo protegido, pelo Pai.

Que perversa traição é essa! Não tem o mínimo cabimento um filho-criatura diferenciar-se diante do Deus-criador. Seriam impensáveis preferências, distinções, contemplações, todo um conjunto inconcebível para um Pai que adota a todos por igual.

Crer no Deus das religiões, aceitar os dogmas, convencer-se de ter uma alma que é um espírito que não morre, é uma política de vantagens: implica *benesses* para o crente em vida e a imortalidade depois de morto!

Assim, permanecemos no imbróglio do antiamor, no empenho competitivo de alcançar vitórias materiais, conquistar *status* e poder de consumo, durante a vida, e garantir a imortalidade depois da morte. Na sociedade consumista, arriscaria resumir: o que vende é o que diverte e salva. Em outras palavras, o que ilude. Poucos assumem e compram a realidade.

Se fosse para levar a sério a imortalidade espiritual, há que se respeitar a seqüência óbvia: o crente tem que levar em conta que já tem uma alma, que ela é imortal e que ele já está divino, agüentando as conseqüências dessa assunção. Esse comportamento é outra interpretação traidora, panacéia da imaginação humana, bem adequada aos que alimentam a ilusão da imortalidade espiritual e aos que controlam as ilusões dos crentes.

A coerência seria outra: curtir a eternidade como uma qualificação dos mortos, uma conquista alcançada através da morte. A fé dos crentes é muito incoerente, talvez até inocente: pretende mantê-los **vivos** para sempre! Isso é não se conceber imortal. Fruir da imortalidade é rigorosamente uma missão para mortos...

Outra traição corriqueira é a do crente que interpreta a vida como dádiva divina. O verdadeiro presente de Deus não é a

amores humanos, traições divinas

vida, mas a morte e seu melhor efeito: a imortalidade. Esta graça maior seria alcançada pelo perecimento e seu efeito sentido pelos seres só quando estivessem mortos: a imortalidade não é fruída por quem vive. Que grande equívoco cometemos: não aproveitamos nossa maior divindade quando vivos! Só nos admitimos imortais após a morte, quando não mais tivermos consciência viva.

Porém, somos crentes quando a circunstância nos convém, especialmente quanto à espiritualidade. Para ganhar ou garantir a imortalidade, vamos às igrejas, fazemos orações, aparentamos respeito contrito a Deus, santos, sacerdotes, pastores. Tentamos créditos para ganhar o diploma de salvo.

XV
CALVÁRIOS DESNECESSÁRIOS

A narração da história de Jesus Cristo marca a conexão entre ser divino e humano porque apresenta o roteiro em que um deus se fez homem. Isso parece favorecer as confusões, os paradoxos e as traições que cometemos.

Interpretamos o ambiente divino como um sítio humano. E seguimos definindo quase todo o contingente dos deuses – ou de Deus –, com critérios bem humanos, à vontade, sem um mínimo crédito adequado.

De maneira confortável, através de um comodismo teimoso e quase sem escrúpulos, temos criado e mantido muitas conexões absurdas entre as dimensões humanas e divinas.

Iludimo-nos com elaboradas e persistentes imaginações, fugimos de assumir a condição de que não há mesmo nenhuma esperança: somos finitos, não temos um frutuoso destino eterno. E estragamos mais o panorama: traímos os valores divinos, desrespeitamos muito o mundo (se pudermos usar essa expressão) de Deus.

Acreditamos que padecimentos e dores, vivências semelhantes às etapas de Cristo descritas nos evangelhos, pudessem convencer Deus de que merecemos o mesmo destino de deuses ressuscitados. Esquecemos da condição bivalente de Cristo, que se identificava, com sua fé inabalável, em ser divino e humano.

As descrições evangélicas podem ser respeitadas mas não nos servem de modelo. Nossa conduta não tem nada de milagrosa, somos homens comuns, com mais defeitos que virtudes. Nosso conhecimento não vai além do que podemos aproveitar do passado.

Só os mortos sabem a verdade, e a morte os impede de revelá-la. Então, não há saída, não há possibilidade de salvação. Ou, se houver, não devemos acreditar nela, nem a realimentar. Fernando Pessoa escreve:

> Nós damos às nossas idéias do desconhecido a cor das nossas noções do conhecido: se chamamos à morte um sono é porque parece um sono por fora; se chamamos à morte uma nova vida é porque parece uma coisa diferente da vida. Com pequenos mal-entendidos com a realidade construímos as crenças e as esperanças e (...) vivemos como crianças pobres que brincam a ser felizes.

O escritor exalta o colorido da ilusão e a pobreza de nossa felicidade infantil. O tom poético, próprio do autor, pode amenizar as pesadas responsabilidades dos traidores divinos, mas não deixa de criticá-las.

Nietzsche, em estilo mais árido, sintetiza: "a fé salva, logo mente".

Essa fé que engana é muito vil, perversa, talvez a maior hediondez que chegamos a promover contra nós mesmos.

A fenomenal energia que uma fé mobiliza, destacada em metáforas tão repetidas pelas religiões, é realmente capaz de gigantescas movimentações. Para relembrar a mais trivial, temos aquele simbolismo antigo de "mover montanhas". Para os tempos contemporâneos, teríamos figurações diversas: visitar outro planeta, clonar humanos. Para mim e para os que me acompanham nessa leitura, ampliar a qualidade e a quantidade de amor entre os homens.

amores humanos, traições divinas

A fé que mente é viciada, indecentemente traidora; ela desvia, perverte nossa maior potencialidade espiritual.

Observamos algumas pessoas com rara sensibilidade amorosa que atribuem essa virtude à fé religiosa. Parece que amam mais e melhor porque têm forte crença em Deus. Devemos respeitá-las em suas referências porque vivem um credo verdadeiro, puro, ainda que possam estar redondamente enganadas. Se abdicassem da fé religiosa, talvez pudessem amar ainda mais e melhor.

Nós temos nos equivocado demais, persistentemente, projetando a felicidade para depois da morte, contradizendo a chance de vivê-la desde já. Poderíamos começar as trocas de amor efetivamente agora, nesse tempo em que estamos vivos.

Em reciclagem amorosa cada vez mais aprimorada, desenvolveríamos outra maneira de viver, evoluiríamos para um mundo progressivamente feliz. Sem aguardar por possíveis prêmios ou castigos divinos depois da morte, sem contar antes com isso, quem sabe tenhamos a surpresa agradável de entrar no Paraíso. Seria uma deliciosa seqüência, uma vez que o mundo dos vivos já seria uma convivência paradisíaca.

Interromper com os velhos hábitos dogmáticos e as crenças convencionais não nos torna ateus, e sim, assumida e adequadamente humanos.

Na condição essencial de ser humano, não caberia religião da maneira como a utilizamos, não teríamos crentes, descrentes, agnósticos. Nem nos associaríamos à idéia tradicional de ateu, contaminada por heresia. Ou de pagão, aquele que carece do batismo.

Assumidos e determinados em nossa condição típica de seres humanos, não-divinos, perecíveis, sem esperança espiritual além da morte, sem salvação de alma, cabe-nos desenvolver a potencialidade de amar, evoluir como seres amantes e amados, conhecedores e aplicadores do amor humano, desvinculados de qualquer modelo divino.

Por essa trajetória, pararíamos de vez com as traições divinas principais, com o descuido e a depreciação que fazemos do amor e da fidelidade, tanto dos seres divinos, perfeitos, quanto dos humanos, limitados.

Estamos não só longe, mas absolutamente fora da Perfeição Amorosa: o que entendemos como longínquo supõe alguma coisa encontrável, ainda que difícil.

Não há nenhum acesso a Deus, à Perfeição, um caminho que o humano possa trilhar. Se houvesse alguma conexão de cá para Lá, ela seria controlada por Ele. E se houver uma de Lá para cá, idem, o controle seria mais ainda Dele.

Não nos cabe discutir ou especular a respeito, pois a interação seria entre dimensões não-conectáveis.

Uma amiga, que me ajudou na revisão deste livro, deu-me grande prova de amor *philia*, uma bela aliança afetiva. Assim é apontada a amizade, conforme lembram A. C-Sponville e F. Alberoni. Ela não quis nenhum crédito pelo favor e fez uma observação, indicando que eu, apesar de condenar a especulação entre o religioso e o humano, estaria enfatizando o maior dos ensinamentos cristãos: amar o próximo!

Senti-me entusiasmado a prosseguir no meu empenho, pois quero exatamente favorecer o amor entre as pessoas, sejam parceiros eróticos, cônjuges, colegas, amigos, familiares, vizinhos, duplas ou grupos, pares virtuais etc.

Penso que a lição de Cristo é indispensável para a evolução amorosa (a da amiga-revisora também). Mas, só aprenderemos dentro do universo humano: Cristo ensinando como professor-homem, e nós nos instruindo como respeitosos alunos.

amores humanos, traições divinas

Precisamos quebrar a dinâmica que nos atrasa em reconhecer e interromper a traiçoeira insistência que patrocina o espetáculo cruel e manipulável do deus antropomorfizado.

Pretensiosamente, reiteramos bater em cima da tecla dos pedidos, das orações, como se existisse uma capacidade humana de interferir no suposto plano do Criador.

Qualificamos Deus como detentor de todos os poderes. Ele é onisciente, onipresente e onipotente, pode estar em todos os locais, saber de todas as coisas, superar qualquer força. Não lida com dimensão, portando não depende do tempo, Ele sabe do futuro, não tem dúvida sobre o passado, faz o presente sem surpresas, acidentes ou inconvenientes, não se frustra, não tem decepções.

Seres humanos, só podemos estar em um lugar (projeções virtuais levam apenas uma imagem a outro ponto), saber parcialmente sobre o passado, reconhecer o presente, às vezes com surpresas e acidentes de grande impacto, aguardar o futuro dependendo da evolução temporal.

Como admitir que as orações de uma pessoa intervenham no sistema de Deus? Ele sabe o que ela deseja, o que pedirá, de que modo fará a solicitação, bem como tudo o que ocorrerá, inclusive se ela terá ou não a impressão de que foi atendida. Cabe à própria pessoa, somente a ela, atribuir-se uma qualidade de agraciada e iluminada ou esquecida e castigada por Ele.

Podemos supor que os acontecimentos desejados pela suplicante correspondam ou não aos desígnios de Deus, investir na hipótese de que os rogos conseguiram alterar o destino traçado por Ele, pensar que tudo ocorrerá sem nenhuma interferência dela e até que não exista um controle Dele sobre a seqüência dos fatos. Cada um interpreta como preferir. O importante é reafirmar que se trata apenas de uma interpretação.

XVI
POTESTADE E PATERNIDADE

Mário Quintana anarquiza o propósito místico e a convenção religiosa: "Ah, se a gente pudesse rezar sem fé... Talvez já fosse um princípio de fé, não sei, mas quem sabe se uma oração sem fé não teria mais valor? Imagina um São Francisco de Assis ateu. Não seria muito mais santo? Fazer o bem na Terra sem creditá-lo no Céu".

Uma mulher de 29 anos, escolaridade fundamental completa, atendida no ambulatório psiquiátrico de uma faculdade de medicina para tratar de "depressão", estava muito abatida porque não conseguira alcançar uma graça. Ela supunha que tivesse pedido com insuficiência espiritual, pois acredita que, em outra ocasião, Deus a atendeu porque rogara com o espírito pleno de fé.

Questionada sobre a possibilidade de interferir no destino, disse que a oração plena de fé promoveria o acontecimento desejado. E que, se não rogasse com essa força espiritual, seu pedido não seria atendido. Completou com a lembrança de que é sempre necessário cumprir a vontade de Deus.

Prosseguindo nas questões, levando em conta que, se a vontade Divina não coincidisse com a dela própria, a fé de rogadora poderia desafiar os poderes absolutos de Deus? Foi quando a mulher tranqüilamente expressou, com a sua linguagem: "Deus é pai, eu sou filha, Ele me ama. Se eu mereço, Ele atende!".

A expectativa que acompanha o pedido de clemência toma conta da situação emocional, passa por cima de qualquer parâmetro de racionalidade essencial. Ela anseia pela misericórdia, roga ao Pai, precisa que Ele conceda a graça. Para compor a relação com o Pai, situa-se como filha, sente-se adequada nessa posição, assim se entende capaz de pedir e receber.

O rogador atua muito além de sua relação com Deus, desconsiderando a conexão entre o Criador e a criatura. Para ele, o que interessa é a ligação parental, predominante e decisiva, entre pai e filho, e pronto! Assunto encerrado, não se pensa em mais nada, não se sustenta a hierarquia cantada pelo próprio crente quando não está rogando.

A oração contraditória, o rogo incoerente, que nega os poderes Divinos e os solicita, realça outra enorme fraqueza humana e configura mais uma traição divina. No pior sentido possível, oposto à humildade associada aos pobres de espírito, revela uma penúria espiritual extraordinária.

Quando se observa, em um ritual religioso, o profissional da fé indicar aos prosélitos que Deus é pai, que as orações feitas pelos filhos serão atendidas, isso não é questionado como deveria. É necessário rever esse hábito, esclarecendo os fiéis sobre a confusão ardilosa em que podem envolver-se.

A pessoa clemente, para aumentar suas chances, tende a considerar-se filha de Deus, antes de tudo, evitando reconhecer-se no plano simples de criatura. De acordo com o estereótipo sociocultural, entende-se que uma filha teria mais oportunidade de ser ouvida pelo Senhor-Pai, poderia melhor sensibilizá-Lo enquanto permanecesse nesse âmbito de trocas familiares. Por outro lado, a criatura, que sensibilidade teria o Criador por ela?

Se esse arbítrio é dado ao ser humano, se ele pode escolher entre as funções de filho e criatura, é muito mais interessante, confortável e conveniente ficar na primeira.

O modelo trivial humano promoverá a escolha, inclinando-nos a interpretar nossa relação com Deus como a que imaginamos entre pais e filhos ajustados e amorosos. Nesse cenário, podemos idealizar de maneira cinematográfica, sonhar o que quisermos, aguardar milagres à vontade. É muito mais difícil, pesadamente enigmático, representar essa relação entre um Criador todo-poderoso, infinito, e suas criaturas limitadas e finitas.

Criaturas insatisfeitas com a própria natureza, inseguras pela mortalidade, revoltadas contra todas as restrições, envolvidas em muitos problemas, conflitos, frustrações, vamos compensando tudo isso com astucioso artifício: elegemo-nos "filhos de Deus", vamos seduzindo-o com nossa miséria afetiva para que Ele nos adote como Seus legítimos dependentes.

CONVENIENTE, CONVENCIONAL E CONFORTÁVEL

Uma ligeira interrupção nos raciocínios, uma folga para o leitor, bem como para o escritor. Os interesses de cada um são aplicados à medida que os favorecidos os convoquem e pratiquem. Uma das boas convenções, muito úteis para quem digita um texto, é recorrer aos caracteres maiúsculos toda vez que se refere a Deus. Facilita demais o uso dos pronomes, nunca confunde os elementos sintáticos! Não tenho certeza se me servi adequadamente dessa facilidade. Tentei obedecer ao rumo da conveniência, quando quis identificar o Deus das nossas convenções, sem desafiar o conforto habitual de quem escreve e de quem lê.

À medida que estejamos inspirados por amor e precisamos renovar infinitamente essa inspiração, temos que promover uma dinâmica especial de conexão e revisão sentimental. Sempre fixados no bom sentimento, atualizando-o e resgatando-o, vamos trabalhando com o já vivido e preparando o que virá, buscando no passado os modelos reaproveitáveis e experimentando novas tendências.

Um movimento paciente, bem motivado no amor, constante em seus propósitos, inclina-se para posturas flexíveis, revisa os horizontes, reformula os parâmetros, readapta os cenários. Amar exige flexibilidades democráticas, fruições revisionistas, poderes compartilhados, renúncias narcisistas, despretensões vaidosas, humildade e autocrítica.

O amor humano mais diferenciado implicaria relações interpessoais aprimoradas, promovendo mais respeito e cuidados entre todos. Os próprios condutores religiosos, recorrendo à antiga analogia da paisagem rural, seriam pastores mais atentos e dedicados a suas ovelhas. Nos trabalhos doutrinários, teriam que insistir na perspectiva de que, antes de um papel paterno almejado pelos sectários, Deus exerce todos os papéis. E reforçar a noção de que as criaturas é que preceituam o sistema parental, posicionando-O para protagonizar o pai e a si próprias no papel de filhos.

Se pudéssemos melhor assumir a condição de criaturas, encarando as virtudes e os defeitos pertinentes, enfrentando as dificuldades que nos impedem de amar aprimoradamente, é provável que não recorrêssemos a esse estilo de filiação divina, outra faceta da antropomorfização de Deus, mais uma traição humana aos valores Dele.

Seguindo nossas expectativas e negando as próprias prerrogativas, continuamos reiterando argumentos e vícios religiosos,

amores humanos, traições divinas

equivocando-nos insistentemente, com a impressão de que isso tem nos promovido.

O desejo de promoção espiritual implica um significativo narcisismo, uma pretensão egóica que ambiciona a imortalidade, o endeusamento, no mínimo parcial, da pessoa.

Se nossos corpos portam uma alma imortal, em uma ou várias encarnações, o que conta e decide nossa trajetória realmente é essa imortalidade. Uma vez assumido como imortal, o sujeito já dispensa a coordenada do tempo. Ele é eterno, não precisa preocupar-se com o amanhã. Nem mesmo importarão o passado e o presente, à medida que a eternidade não acaba, não degenera, não estraga, muito menos apodrece, nunca morre.

As oportunidades dialéticas surgidas em eventos culturais com debates permitiram-me trocar idéias sobre esses conceitos. A resistência mais comum que observei nos debatedores foi a de somente reconhecer a imortalidade da alma fora do corpo, depois da morte. A alma imortal dentro do corpo mortal não se ajusta muito, parece que não tem força suficiente para convencer o indivíduo de que ele já está eterno!

Entre espíritas e budistas, com quem tive ocasião de debater, observei insistirem na perspectiva de que a alma "evolui", (budistas também entendem que as almas podem involuir). O argumento principal que me contesta é o de que eu falo como se todos os espíritos fossem iguais.

Algumas religiões orientais pregam que há vários graus de "essências", a serem lapidadas ao longo de 108 vidas, representadas nas contas do colar de Buda. Claro que, para essas religiões, a essência é imortal; a diferença seria que uma essência menos elevada, ao morrer, poderia ser comparada a um gato levado para viver num palácio: ele não teria a menor noção do que o cerca. A essência elevada, ao contrário, teria noção do "palácio espiritual", o equivalente a voltar ao Criador e entrar no nirvana.

Continuamos com o impasse, pois a essência menos ou mais elevada somente pode diferenciar-se na coordenada temporal. Sem a sucessão do tempo, não há mudanças. Voltamos à tumultuada contradição de um espírito imortal que nega a eternidade. Ele prossegue como se estivesse "vivendo", mas é eterno! Vai seguindo como algo que se transforma à medida que se dá o encadeamento temporal, porém segue imutável, pois nunca se aproxima do fim.

Evolução só cabe quando se caminha para um desfecho. A alma eterna não faz uma trajetória de aproximação de nenhum final; se é imortal, jamais podemos considerá-la algo que acabe.

Os vícios da vida, um fenômeno em transformação, uma evolução para a morte, dominam nossos raciocínios, impedindo que os que se crêem imortais pensem devidamente sobre a própria imortalidade.

Outra alegação oposta: a pessoa que se considera apenas mortal também pode descartar a coordenada do tempo, pois sabe que vai morrer e que nada poderá mudar essa realidade. Podemos rebater essa noção com uma perspectiva bem realista e muito otimista. Sim, sabemos que morreremos, mas estamos adiando a ocasião da morte. Aqui mesmo, no Brasil, a vida média da população, apesar dos grandes problemas sociais, vem subindo significativamente a cada década.

Em montagens especiais, nos EUA, temos corpos congelados à espera da ressurreição. Há que se lidar com a inexorabilidade do tempo e acelerar um pouco a oportunidade de viver mais, melhor, interagindo com amor e prazer, permanecendo mais tempo vivos e morrendo de modo mais elaborado.

Parece bem mais fácil entender-se divino e atemporal distante da vida, ultrapassada a barreira da morte. Durante a vida, os cren-

amores humanos, traições divinas

tes não querem nem pensar a respeito, têm uma paupérrima elaboração da morte, só querem negá-la, estão longe de assumi-la.

A crença impede que o jogo psicológico do corpo e da alma sustente-se em sincronia. Sabendo-se vivo, o crente quer um corpo saudável, aproveitar a juventude, driblar a maturidade. A alma é deixada para depois, como se ele se tornasse imortal apenas depois que o corpo estivesse morto. Uma debatedora expressou-se assim mesmo: "eu sou mortal e imortal!"... Não está folgando demais?

Não podemos levar adiante a política de conveniência, apoiada na solução mágica trazida pela morte não assumida. Se, realmente, está qualificado de imortal, nessa habilitação, o homem é, então, igual a Deus. Como espírito imortal, ele é Ele, ele é Deus.

Pode não ser em outras qualificações, como onisciente, onipresente, onipotente. Aliás, e daí? Que diferenças fariam todas essas qualidades divinas? Tudo isso ou nada disso faria a menor diferença, pois a imortalidade é o grande lucro.

As religiões ocidentais, em geral, contemplam essas expectativas narcisistas, mas as do Oriente fornecem um panorama menos egocêntrico aos seus adeptos.

André Comte-Sponville escreve:

...os orientais são mais lúcidos do que nós. Só poderíamos renascer para morrer de novo, e esse ciclo das egoidades sucessivas (o *samsara*) seria antes, por conseguinte, exatamente aquilo de que convém se libertar..... : o eu não é aquilo que se trata de salvar, mas aquilo de que se trata de nos libertar. A reencarnação não é uma salvação, mas um caminho... ocidentais vêem nela um consolo narcísico, uma salvação para o ego... No budismo, não é o eu que se reencarna (já que eu serei outro).... O fim não é encontrar seu querido euzinho noutra vida, mas se emancipar dele... até a libertação final, até a extinção – nirvana – na luz ou na verdade... A salvação, a única, é quando não há mais ninguém a salvar... Como o paraíso dos cristãos, ao lado, parece prisioneiro do narcisismo!.

Juntemos o reforço de Fernando Pessoa: "O homem perfeito do pagão era a perfeição do homem que há; o homem perfeito do cristão a perfeição do homem que não há; o homem perfeito do budista a perfeição de não haver o homem".

Quanto mais interpretamos os papéis de filhos amados de Deus e menos admitimos nosso limite de criaturas que se amam mal, mais permanecemos decepcionados e indignados com o mundo humano.

Muito mais do que pai, ainda que também se admita nessa função, Deus seria um criador, uma potestade, a absoluta concentração de poderes. A paternidade seria um dos dons simbólicos do Ser divino, um dos seus muitos poderes, apenas mais um diante de todos, sem nenhum destaque em especial.

Voltando à situação prática com aquela moça rogadora, através de uma analogia simples, foi questionado: se fôssemos tomar de exemplo um país, Deus seria o presidente, o ministro mais importante, o juiz supremo, bem como o governador, o prefeito, o melhor médico, o cardeal, o melhor jogador de futebol, o melhor cantor etc. Ser pai dos cidadãos estaria no mesmo padrão? Ela retrucou, argumentando que o seu pastor havia mostrado que o amor de Deus como pai é maior do que em qualquer outra função.

Sentir-se legítimo filho de Deus, bem adotado, amado e respeitado por uma igreja, uma seita, um grupo religioso qualquer, valoriza muito o ser humano, principalmente quem tem uma experiência de vida difícil e restringida.

amores humanos, traições divinas

A carência implora o referencial de excesso, o que encadeia o prejuízo, pois atende pronta e patologicamente a demanda.

De um estado miserável e muito infeliz, a pessoa passa (milagrosamente, como em um pensamento mágico) à condição privilegiada de filha do Todo-Poderoso.

Esse fato "milagroso" endeusa a pessoa e não Deus, de modo que ela acredita-se capaz de mudar o futuro pela fé divina, deixando de construí-lo pelo amor humano.

XVII
FÉ DÁ PÉ

É divulgada, freqüentemente, a evolução das igrejas evangélicas nas regiões mais pobres e ignorantes da Terra. As pastorais de catequização trabalham vigorosamente, amealhando fiéis, com apoio de esquemas publicitários na televisão, no rádio, onde haja meios de passar um recado ao estilo de lavagem cerebral.

Cérebros laváveis são próprios de todos os humanos, especialmente os que foram menos lapidados por informações e conhecimentos. A sabedoria ampliada e diversificada flexibiliza as mentes e exige mais reflexões antes das aceitações.

Robert C. Solomon lembra a honorável sabedoria de Confúcio: "Aprender sem reflexão é um desperdício, reflexão sem aprendizado é um perigo". Mais adiante, o próprio autor prossegue: "...a religião sectária pode ser viciosa e intolerante, especialmente quando combinada com hipocrisia e paranóia".

A composição de vícios com intolerância mais fachada hipócrita e lances paranóides é realmente perversa e maléfica. Infelizmente, esse sistema pode ser estruturado com certa facilidade e influenciar multidões, fazendo a cabeça de grandes massas. É um esquema bem manipulador, uma articulação terrível, que usa a pobreza intelectual de muitos, mantém a restrição sentimental dessa maioria e proporciona a riqueza material de poucos.

Há grupos religiosos, no entanto, que são capazes de interagir com afeto de ótima qualidade, que favorecem e beneficiam os cuidadores e os cuidados.

Sabemos que pessoas de grande caráter fazem trabalho pastoral muito sério e convicto, inspiradas por uma fé benigna, autêntica e profunda, visando verdadeiramente à melhoria espiritual de seus membros. Elas solicitam ajuda material destinada às prioridades adequadas, suprindo o desenvolvimento escolar de crianças, a atenção com a saúde, o entrosamento social, a disputa esportiva etc. Por vezes, atingem boa aliança sentimental do grupo, chegam a alguma sofisticação turística, fazem viagens culturais, artísticas, e compartilham todas as atividades, desde enlevos místicos até datas festivas.

Conheci pessoalmente duas pessoas ligadas à religião que atingiram altíssimo valor espiritual. Vejamos os seus trabalhos de amor religioso.

Um piloto de aviões de carga, de origem escandinava, faz rotas internacionais. Viaja muito da Europa para cá e freqüenta uma paróquia de evangélicos brasileiros. Ele é pastor na Escandinávia e aqui se enturma bem com os prosélitos. Toda vez em que está no Brasil, vai aos cultos, sempre levando uma mensagem de carinho, afeto e humildade, em atitude muito amistosa e virtuosa. Seu padrão de vida é infinitamente melhor do que o dos confrades daqui, e ele entrosa-se com uma intimidade espiritual que faz as diferenças evaporarem. Poucos na comunidade falam um mínimo de inglês, mas ele acha um modo de comunicar-se com todos. Eu o conheci em uma festividade de casamento, quando a filha menor entrara na igreja como "daminha" de honra. A alegria desse estrangeiro na cerimônia e na festa era impressionante, como se o episódio fosse uma comemoração integrada a seu próprio universo. A vivência sentimental era de ternura envolvente, equivalia a um encantamento dentro da sua própria família.

A outra pessoa, mulher madura, de pouca instrução, muito piedosa e acessível, vive em local simples, com pouquíssimos

amores humanos, traições divinas

recursos. Sem cobrar nenhum centavo, procura atender a pedidos variados: pacientes com doenças graves, proteção contra más ações, empresários em crise financeira, familiares em desespero pela prisão de um toxicômano etc. Ela oferece orações, solicita leituras de versículos da Bíblia, diz-se simples intermediária da vontade de Cristo. Como é muito solicitada, recebe várias doações, dinheiro, alimentos, roupas que entrega a um orfanato.

Pessoas com espírito abundante de amor exercem o bom sentimento em qualquer canto, sob variados pretextos, com este ou aquele credo, ou até sem nenhum compromisso religioso.

Homens amorosos têm a maior facilidade em passar os créditos sentimentais para Deus ou para outra pessoa envolvida no espaço e tempo das ocorrências afetuosas. São espontaneamente autênticos na humildade, não se vangloriam em discursos exibicionistas nem se promovem em apelos narcisistas.

Harold Sherman escreveu: "o medo bateu à porta, a fé atendeu e não havia ninguém". A frase colabora com as nossas reflexões, especialmente no sentido de apontar a inclinação que temos de antepor fé e medo. O maior medo do homem é o de não se salvar, é aceitar a morte como ela é: sem salvação. A geriatria, especialidade médica que ousa lidar com as fases involutivas da vida, tem revelado que uma boa crença ajuda os pacientes.

A fé abranda sofrimento, favorece recuperações, mesmo nas etapas da degeneração final das funções vitais. A geriatra Maria do Carmo Sitta refere que sua experiência tem confirmado esse panorama. Ela também comentou que acredita em Deus, o que deve integrá-la mais facilmente aos pacientes que compartilham sua fé.

Podemos pensar que a afinidade espiritual delineia os procedimentos profissionais e colabora com a aceitação e o aproveitamento dos clientes, de modo semelhante para sacerdotes, médicos e outros. Aqueles que têm fé consistente, pouco abalável, fortalecem-se espiritualmente. Eles enfrentam melhor a perspectiva da finitude, mesmo porque não se reconhecem finitos.

E, agora, como ficam os que se entendem mortais? Deve haver uma maneira pela qual reúnam forças em seus espíritos. Para eles, na frase de Sherman, o vocábulo "fé" deve ser substituído por "amor". Medo batendo à porta, amor atendendo e aquele desaparecendo.

Em alguns capítulos, de modo concentrado, em outros, de maneira diluída, tenho insistido e realçado que a verdadeira oposição ao medo é feita pelo amor.

A fé é dimensionada como virtude que nos capacita a suportar temores, especialmente o maior deles, o medo da morte. Porém, isso também pode funcionar como arapuca divina. Machado de Assis, sutil e irônico, provoca-nos dizendo que Deus ofereceu-nos a fé e o amor, e o diabo confundiu-nos com a religião e o casamento!

Mais do que amalgamadas por anjos e demônios, a fé e a religião estão misturadas por nossas ansiedades de transpor a morte. Os apelos religiosos solicitam a crença no Ser Divino, exigem uma fé mística, voltada para o mistério espiritual, focada no amor de Deus.

As necessidades humanas pedem crédito no próprio homem, fé em nossas viabilidades, fundamentalmente nos potenciais de amor para nós mesmos. Um amor forte e desenvolvido entre humanos estender-se-ia para o âmbito divino. O homem habituado a amar amaria a Deus também, se Ele existisse. Se fosse uma ilusão, poderia contar só com o nosso desejo de amá-Lo.

Quem se considera finito, descrente da salvação, pessoa humana, despretensiosamente humana, reconhece sua limitação mortal, não se endeusa com a expectativa da "vida eterna". Mais

amores humanos, traições divinas

uma vez, destaco essa marcante contradição: o disparate de se falar em vida eterna, pois o que tem a condição de vivo implica a conclusão de morto.

XVIII
DISTONIA E ALELUIA

Inconformados com a mortalidade, temos recorrido à transcendência, de modo semelhante ao que fazem as pessoas egodistônicas em relação ao sexo.

A egodistonia implica conflitos de inadaptadação às orientações e identidades sexuais. Por exemplo, uma pessoa com desejos bissexuais, que não se conforma com essa dualidade erótica. Empenhada em suportá-la, pode negar a tendência que faz o incômodo, tentando sempre se convencer que segue uma orientação sexual exclusiva.

Outra vivência que pode ser egodistônica é a experimentada pelos travestis de duplo papel. São os que usam roupas do sexo oposto em épocas importantes de suas vidas, independentemente de buscar prazer sexual neste papel. Em outros momentos, voltam ao papel do sexo original.

Outro estilo que também pode ocorrer como um estado egodistônico é o dos travestis que assim se comportam à busca de erotização, em conduta fetichista. Atingido o prazer, retomam o papel sexual de origem.

A mais contundente das egodistonias é a que ocorre com os transexuais. Eles têm dificuldades com a identidade sexual, sentem-se em um corpo estranho, como se aquele sexo corporal não fizesse parte de suas personalidades. É um colossal desconforto, que exige sair daquele gênero e entrar no outro, onde se sentiriam ajustados. Para atingir esse ajustamento, ousam qualquer coisa, empenham-se por métodos radicais, cirurgias que modificam os genitais, alternativas que os transformam morfologicamente, resolvendo a sensação de impropriedade que ocorre enquanto estão no corpo original.

A egodistonia generalizada, comum a qualquer ser humano, refere-se à mortalidade, a essa qualidade de indivíduos perecíveis.

A morte é um resultado inaceitável. Enquanto a percebemos como solução absurda, inadmissível à compreensão, recusada pela inteligência, repugnante à vaidade, temos que superar essa possibilidade. Então, prisioneiros da inconformidade narcisista, devemos nos valorizar, entender que o tempo de vida é curto, incompatível com o desenvolvimento de uma missão digna, que há toda uma eternidade, uma evolução imortal à frente.

As contradições são evidentes, mas costumamos negá-las para não assumir a mortalidade. Como pensar em um destino imortal que virá? Um futuro de vida eterna não tem cabimento, pois o eterno não tem passado, nem presente, nem tempo, muito menos poderia evoluir ou mudar.

A oportunidade é recorrente, como já escrevo outros textos, mas devo reiterar: o sujeito só é eterno quando morto. Para exercer a qualidade de vivo, há que se reconhecer mortal, temporário.

O reconhecimento da morte é penoso, muito árido a nossas pretensões, indigesto à mais discreta ambição. Temos reservas narcisistas que não se coadunam com o processo perecível. A morte não se realiza no plano intelectual da ganância humana. Nós não estamos satisfeitos com a vida, queremos mais, insistimos em vencer a morte.

Prolongar a vida, adiar a morte seria muito bom, e o desenvolvimento tecnológico nos autoriza a aguardar bons resultados nessa busca. Se aprimorarmos o amor humano, essa tarefa

amores humanos, traições divinas

seria muito facilitada. Mas os homens querem a eternidade por todo o futuro.

Neste ponto, surge mais uma eventualidade curiosa, outro paradoxo: se Deus existe, o homem subsiste. Para a sua subsistência, o homem sustenta a idéia comum de Deus, ser ubíquo, onipotente e onisciente, como um ente super-humano, que tivesse a mesma natureza do homem, mas com poderes divinos.

Criamos esse Deus que cultuamos, de modo que, com aparente coerência, usamos dizer que Ele, especialmente quando Cristo foi Seu meio de expressão, prometeu-nos a vida eterna – pelo menos aos merecedores dessa *benesse* – de acordo com os critérios cristãos.

Se o culto desse Deus não fosse criação humana, Ele teria nos iludido com a promessa da imortalidade, haveria realmente uma traição Divina, um desatino ético cometido por Ele. Mas isso não nos cabe avaliar. Só Deus avaliar-Se-ia.

As várias ações e idéias que estamos desfilando neste livro, genuinamente traiçoeiras, caracterizam-se por uma bivalência dimensional: são humanas e ao Divino atribuídas, para conveniência e gáudio dos envolvidos.

A rigor, são condutas e referências nossas, do universo humano. Temos que as reconhecer, assumi-las e enfraquecê-las. Não podemos manter essa acomodação ilusória inventada pelo deus humano, o 'Homem', com 'H' maiúsculo, no pior sentido dessa perspectiva, uma letra engrandecida pela vaidade, pelo narcisismo.

O desconhecimento verdadeiro sobre Deus e Sua existência coloca-nos em posição crítica, porém muito necessária à evolução humana sadia. A salvação que se usa decantar não existe. Se há alguma outra, uma perspectiva criada por outro Deus, não conhecido, não antropomorfizado, nunca saberemos. Se viermos a saber, será por iniciativa Dele.

Por enquanto, em nosso limite humano, de seres perecíveis, combater a barreira mortal não seria uma avidez inadequada. Enquanto recorrêssemos à pesquisa, aos estudos científicos, a tudo aquilo que recuperasse a saúde e adiasse a morte, poderíamos levar nossas vidas cada vez mais longe, fruir de seus melhores prazeres e enfrentar seus maiores dissabores. Conseqüentemente, há que se administrar diuturnamente a decepção da finitude e a de não acreditar na salvação (mesmo que exista).

Mais uma inspiração de Mário Quintana, bem espirituosa, caberia agora: "O ideal da medicina é fazer os doentes morrerem com saúde...".

A grande dificuldade de agüentar esse limite tem promovido a saída ilusória da imortalidade, uma aleluia de felicidade eterna.

Camille Paglia faz um reflexão aforística: "A idéia da benevolência última da natureza e de Deus é o mais poderoso dos mecanismos de sobrevivência do homem. Sem ele, a cultura reverteria ao medo e ao desespero.".

Para atender a essa demanda, superar nossa distonia egóica, temos nos fantasiado, ou melhor dito, temos nos travestido de seres imortais.

XIX
SEDIMENTADO E AMADO

Temos distribuído amor humano em causa divina, infelizmente. Desperdiçamos nossa potencialidade afetiva, creditando a Deus os valores sentimentais, desvalorizando-nos em nossa capacidade amorosa e não O prestigiando em nada. Não podemos pretender amar como Ele, pois não temos a mínima idéia de como Ele ama, nem sabemos se um Criador, um Deus, necessitaria de trocar amor. Parece inconcebível uma troca de afetos equivalentes entre o Perfeito e o humano.

Amar é interação entre imperfeitos. É a imperfeição que exige o amor: temos que nos tolerar incompletos, carentes, mortais, desejantes, ajudar-nos a melhorar as faltas e nos solidarizar. Não podemos amar o Perfeito nem imaginar que Ele nos ame. Entre seres perfeitos não pode existir amor, pois não há carências, ansiedades, anseios, desejos.

Comporíamos uma forte exploração divina se o homem prosseguir na pretensão de amar um perfeito para também ganhar a perfeição. Seres divinos, sem nada a modificar, dispensam aperfeiçoamentos, não evoluem, não lidam com variações, intermitências.

Na prática clínica com casais, observo que o sujeito que ama fica mais à vontade para criticar: é como se o amor pela outra pessoa nutrisse, deixando-a mais fortalecida para receber críticas. Os seres perfeitos não amam, pois não são criticáveis.

O ser perfeito, dentro do alcance da subjetividade humana, significa um homem completo, um super-homem irretocável, tudo a que o ser comum aspira em vão. Lembraria até o conhecido personagem vulnerável à "kriptonita" (é curioso que a raiz da palavra sugira *cripta*). Deus não tem ponto vulnerável, não há calcanhar de Aquiles no perfeito.

Na perspectiva da completude humana (se tal fosse possível) é que podemos vislumbrá-Lo. Contudo, nossa abstração é insuficiente para projeções onde Ele exercesse outros desempenhos. Assim como os homens, a via-láctea, poderia criar outras galáxias .

Como ultra-humano perfeito, Deus não pode relacionar-se amorosamente com os humanos imperfeitos. Isto só mobiliza os interesses dos homens que também querem ser deuses. Amar interage expectativas, regozijo, caridade, compaixão, amizade, vazios a serem preenchidos, faltas a se compartilhar. Edu Lobo e Chico Buarque compuseram a canção *Sobre todas as coisas*, de onde selecionei o trecho:

Ao Nosso Senhor
Pergunte se Ele produziu nas trevas o esplendor
Se tudo foi criado - o macho, a fêmea, o bicho, a flor -
Criado pra adorar o Criador
E se o Criador
Inventou a criatura por favor
Se do barro fez alguém com tanto amor
Para amar Nosso Senhor
Não, Nosso Senhor
Não há de ter lançado em movimento terra e céu
Estrelas percorrendo o firmamento em carrossel
Pra circular em torno ao Criador.

amores humanos, traições divinas

Muitos de nós já deparamos com alguma maravilha, um lindo céu estrelado, sentimos o aroma de um bosque em flor, o impacto de entrar em uma pirâmide egípcia. Costumamos sugerir que essas situações inebriantes representam algo divino, uma obra da perfeição de Deus. No mínimo, que foram inspirações Dele, concessões que nos proporcionam essas chances, que nos enlevam a maravilhosas experiências.

Do ângulo humano, do nosso ponto de vista, um ser completo, perfeito, equivale a alguém entediado, paralisado, que não tem inspirações, muito menos aspirações, nem criatividade que o mobilizasse a mudar alguma coisa, inventar algo para fazer. Um ser perfeito está mais para morto do que para vivo.

Os estudiosos da teologia, com poucas exceções (se houver), estão comprometidos com as demandas das religiões. Não se dedicam aos créditos de seu trabalho de modo neutro: estudam a natureza e os atributos de Deus acreditando que Ele exista. Digamos que em vários setores e ambientes dessa ciência, isso não atrapalha a evolução sentimental. Mas não temos condições de exercer um conhecimento sobre Deus, uma teologia, quando nos referimos ao amor. Isso é traição.

Recorremos exageradamente aos referenciais das divindades, abusamos do teologismo, dadas as necessidades políticas das religiões. Devido à necrofobia, engendramos a sordidez de aceitar um "amor divino".

Observemos a redação dos Salmos 138/139 em que se expressam a onisciência e a onipresença de Deus:

Ó Deus ..., tu me examinas e me conheces. Sabes tudo o que eu faço e ... conheces todos os meus pensamentos. Tu me vês quando estou trabalhando e quando estou descansando; tu sabes tudo o que eu faço. Antes mesmo que eu fale, tu já sabes o que vou dizer... Eu não consigo entender como tu me conheces tão bem; o teu conhecimento é profundo demais para mim... Tu viste quando os meus ossos estavam sendo feitos, quando eu estava sendo formado na barriga da minha mãe, crescendo ali em segredo, tu me viste antes de eu ter nascido. Os dias que me deste para viver foram todos escritos no teu livro quando ainda nenhum deles existia. Ó Deus, como é difícil entender os teus pensamentos!

Quem crê nessa palavra não pode sentir-se animado em oferecer amor a Deus, nem admitir que venha a entender o que Ele pensa! Os budistas têm um preceito ajustado a esse contexto: "a forma mais elevada de pensar é não pensar".

Temos necessitado do Criador, queremos nos incluir em um projeto, necessitamos do "plano de Deus", como se Ele sonhasse, fizesse planos, como se não fosse onisciente, sabedor de tudo, muitíssimo bem informado (aliás, detentor de todas as informações), como quem não conhecesse os tempos, o passado, o presente e o futuro. Que sonhos teria Ele, se não há o que sonhar para quem tem perfeição, onisciência?

Amar o perfeito é idolatrá-lo. Trata-se de um equívoco: não há como exercer nosso melhor afeto, o amor, o oponente do medo, o combatente das angústias. A idolatria é função emocional diferente, envolve poder, distância, hierarquia, e promove os temores.

O amor humano não representaria a menor importância, nenhuma influência sobre o ser completo. Teríamos que rever as expectativas que temos sustentado em uma das mais corriqueiras frases da História: "amar a Deus sobre todas as coisas". O perfeito não pode ser amado pelo imperfeito, somente idolatrado. E como tal, guardados os níveis hierárquicos entre fã e

amores humanos, traições divinas

ídolo, os poderes deste poderiam ser solicitados, o adorador poderia pedir graças ao adorado.

As orações humanas não devem expressar referências de amor. Seria mais adequado que se referissem à adoração, à idolatria, à relação entre o fraco menor e a Potestade maior. Devidamente posicionado, o crente-fã evitaria insistir na condição de criatura-filho, entendendo que seus pedidos não podem intervir no destino traçado e dominado pelo ídolo soberano. O crente-fã quer, por toda lei, ser filho de Deus, uma criatura formada, lembrada e cuidada por Ele. E anseia por manter o suposto vínculo amoroso, demonstrando amá-Lo sobre todas as coisas, pedindo clemência, implorando graças ao Senhor-Pai. O crente-fã quer também que o Criador retribua a devoção, atenda às solicitações, conceda graças, abençoe sua vida e o livre da morte.

Não podemos duvidar das boas intenções dos crentes que crêem profunda e verdadeiramente em Deus. O próprio Cristo merece reverência e respeito. Não há por que desrespeitá-lo: ele tinha uma crença exemplar e tentou mobilizar amor em todos nós. Pena que, para isso, ainda que bem-intencionado, inspirado em um amor especial, precisou prometer–nos a salvação. Assumindo o papel de filho de Deus, Jesus Cristo não nos enganou com sua proposta. Nós é que devemos repensá-la.

Às vezes é muito incômodo e sofrido lidar com os limites do homem. Minha inspiração amorosa é visionária mas didática, portanto não pretende passar um recado divino. Situa-se e sitia-se em delimitação exclusivamente humana. Fora da possibilidade de especular no contexto divino, gostaria de insistir no aspecto que talvez seja o principal entrave à evolução amorosa: antropomorfizar as coisas de Deus, criando entre nós e Ele uma distância contraditória, proximidades indevidas e afastamentos prejudiciais. Colocar pensamentos, emoções, ações e reações em Deus é insalubre e absurdo. Temos atribuído muitas funções e papéis humanos a Ele, desde o livro do Gênesis. Foi neste ponto que o caráter punitivo determinou o pecado original e o castigo correspondente. Isso implicou a perda do Paraíso, além da ruína da inocência, exigindo que usemos roupas, que "escondamos vergonhas". E mais outras penas sexistas, como as dores do parto para as Evas e o suor da labuta diária que cabe aos Adãos.

Aí começa um padrão contraditório e confuso de graças, punições, prazeres e sofrimentos, um panorama especialmente atrapalhado quanto à temporalidade e à eternidade. Na maioria das crenças cristãs somos originalmente pecadores, temos um corpo mortal ressuscitável e uma alma imortal. Esse contexto envolve um princípio, portanto é obrigatoriamente ligado ao tempo, vem de uma origem e terá uma seqüência.

Nossos corpos são células que nascem, vivem, desgastam-se, renascem, modificam-se e morrem. As religiões cristãs aceitam a morte celular, o término dos corpos (ressuscitáveis, portanto perecíveis), mas não o fim das almas. Para essas doutrinas, os espíritos surgem e seguem, têm início, mas, paradoxalmente, não têm fim.

Se a alma é imortal, eterna, ela não depende de tempo, apesar do início temporal. E seguirá sem fim, de modo atemporal, pagando eternamente pelo pecado original. Porém, pelo mesmo critério bíblico, recuperará o corpo no Juízo Final para definir seu destino, voltando ao Paraíso ou mergulhando no Inferno. A partir daí, o raciocínio temporal seria menos contraditório, pois parece que se chega realmente à etapa de caráter eterno.

No entanto, tudo funciona mais uma vez em paradoxos, pois não caberia a idéia de resgatar a parte corporal. O resgate da carne nivela os valores do corpo aos da alma, contradiz sua

amores humanos, traições divinas

superioridade. Já me alertaram para a hermenêutica que entende esse resgate final de outro modo: não seria da massa física, mas de um corpo anímico, astral ou energético, comparado ao traje das bodas, descrito por Cristo em algumas parábolas.

As interpretações e traduções dos textos bíblicos são adaptadas às necessidades das igrejas que defendem o cristianismo. O sistema funciona como se cada pastor fosse um competente hermeneuta, sempre habilitado para revelar a "verdade". A ambigüidade e mesmo a polivalência da Bíblia é outra política de contradição traiçoeira. Como escrita sagrada, mereceria mais respeito e menos variações levianas. A leviandade e a irreflexão assolam escribas, leitores e fiéis embaçados pela parcialidade emocional que os ludibria com a imortalidade.

XX
TÁBUAS E ESTÁTUAS

Túmulos de pessoas ilustres e cultuadas são montados com elaborada decoração, e material de longa duração, com certa pretensão de permanecerem pela eternidade. Em instituições que elitizam figuras de uma classe ou função, a Associação Brasileira de Letras, o ingresso de novo membro já o qualifica como "imortal". A propósito, Millôr Fernandes satiriza a turma da elite literária: "A ABL é formada por 39 membros e um morto rotativo"... Imortalizar alguém com título, busto de bronze, tumba de mármore, urna funerária de metal precioso, visor de vidro à prova de bala parece revelar que não acreditamos realmente na imortalidade. Se lhe déssemos crédito, dispensaríamos tais demandas. O imortal importante seria homenageado na eternidade pelos imortais comuns.

As características da madeira do caixão, os cálices especiais para as cinzas, a mumificação de cadáveres, e até o trabalho do taxidermista que mantém um animal ereto e vistoso confirmam o que todos sabemos, mas não queremos assumir: somos mortais de corpo e alma. Freqüentemente, observamos as oposições do fato temporário e do definitivo. É comum a expectativa de a pessoa instalar-se em um imóvel próprio, onde tem a impressão de lugar confortável e aconchegante, de modo que ali permaneça até a morte.

O modismo das tatuagens tem sido objeto de discussões, visto que as mais resistentes exigem cirurgia plástica para ser removidas, diante de alguns desenhos efêmeros que conseguem produzir bom efeito, por um período conveniente, semelhantes a uma maquiagem. Para o efeito maquiador, também há ofertas de ação definitiva, o adjetivo empregado com sutileza, dado que a vida humana é essencialmente temporária. Só caberia maquiagem realmente definitiva se o espírito permanecesse tatuado... Incentivando as reflexões do leitor com algum bom-humor, precisaríamos desenvolver técnicas de "estatuagem", para assim prolongar nossas marcas e escolhas em esculturas eternas!

O pecado original é doença espiritual; assim, uma vez desvinculada do corpo pela morte, a alma prosseguiria no destino de pecadora. Portanto, o corpo seria absolutamente dispensável ao Juízo Final. O objeto do julgamento é o espírito. Entrar no Céu e fruir da presença de Deus é conquista espiritual, nada teria a ver com o corpo. No entanto, a referência de grande parte do Cristianismo é a da ressurreição do corpo, seguindo o modelo comemorado na Páscoa, conforme a biografia bíblica de Cristo. Esse raciocínio pascal serviria para todos os crentes. Aquele que recebesse a condenação teria mesmo que dispor da ressurreição corporal, para no Inferno, literalmente, haver o que queimar, para haver massa, carne assada de pecador danado!

Santo Agostinho sentenciou: "o homem que tem medo de pecar por causa do fogo do inferno tem medo não de pecar, mas de queimar-se", frase lembrada por Jurandir Freire Costa. Para o homem, seguir uma trajetória compatível com a exigida pelo grande doutor da Igreja demandaria penosa batalha contra a concupiscência, progredindo até o amor *caritas*. Agostinho ensina que, enquanto amamos no padrão *cupiditas*, estamos na essência humana. Vencer o círculo humano e chegar a *caritas* é libertar-se, ingressar na essência divina, sentir a ausência libertadora. Representaria a "ausência de desejo", conforme o psiquiatra Mau-

amores humanos, traições divinas

rício Micaela, colega que se empenha na propagação do amor com ampla abertura de idéias. No contexto de amor *caritas*, não há carências, nada faz falta, nenhuma expectativa se sustenta. Não desejar nada é estranho e contraditório para o ser humano, visto que o mais satisfatório é atender seus desejos, em especial o de atingir a imortalidade.

A idéia da ressurreição do corpo para desfrutar delícias celestiais parece muito conveniente, manobra esperta de humanos, interessados em eternizar prazeres e definir imortalidade completa. A liberdade exigente de Agostinho implica acabar com desejos, dispensar definitivamente expectativas, anseios. O espírito que não deseja não precisa de corpo. Para que a carne em uma entidade sem desejos?

XXI
RUMOS E PRUMOS

Temos a atávica referência de que Deus nos criou à Sua imagem e semelhança. Somos criaturas com um conjunto de caracteres comuns ao Criador. Pode ser essa a composição, mas e o lado diferente, os fatores distintos? As diferenças não seriam maiores do que as equivalências? Penso que sim e que não gostamos disso. A vaidade e a ambição demandam uma manipulação dessa comparação do homem com Deus, sugerindo um apelo publicitário, uma manobra de "marqueteiro", uma aproximação oportunista e maliciosa de criaturas e Criador.

Colocamos o Criador como exemplo maravilhoso e magnífico de amor (a propósito, amor divino). Ele é modelo de ser fiel, infalível, diligencia-se em atos tolerantes, consegue ser paciente, compadecido, com renovável atenção, misericordioso, cortês. No papel de Cristo, ainda é capaz de oferecer a outra face para ser esbofeteada. No Paraíso, não há carências, mas desejos! Essa é mais uma divina traição, armação humana que contempla as realizações de todos os anseios e que ajuda a suportar as frustrações na Terra.

Uma vida bem cuidada, gratificada, recheada de amor humano, muito menos carente e atroz, contemplaria a humanidade. A comunidade humana viveria muito melhor no seu ambiente terrestre. Provavelmente, dispensaríamos idéias e deveres com as religiões, os ideais de alma imortal, não mais aguardaríamos figuras messiânicas, semideuses, salvadores místicos, nem honraríamos celebridades e mitos. Não estaríamos dependendo da justiça divina, nem da segunda vinda de Cristo ou do Juízo Final. Imagino que ainda não construímos um paraíso humano porque isso resolveria nossas principais ansiedades, ainda que não solucionasse a maior delas: a superação da morte. Observemos bem essa distinção – é algo incomparável, extremamente exagerado –: como encarar a concorrência entre um paraíso para seres imortais e outro, modesto, para pessoas perecíveis? Entretanto, como seres mortais convivendo em um mundo paradisíaco, interagindo com nível de amor de alta qualidade e grande quantidade, toleraríamos o limite mortal, mesmo porque o gabarito da vida estaria melhorando velozmente e a média de idade vital crescendo em ritmo bem acelerado.

A teórica relação convencional entre as duas partes, criatura e Criador, pressupõe um débito na contabilidade afetiva da primeira. Deve a criatura ser grata, reconhecer o dom da vida promovido pelo Senhor, glorificando-O em ininterrupta hosana. Na prática, há muito mais pedidos que agradecimentos. Essa contradição pode indicar o recalcado desejo, a vigorosa cobrança de que a segunda parte tem oferecido muito pouco. As religiões, em geral, por seus clérigos ou por outras mensagens, incitam os fiéis a rezar. Eles devem fazê-lo em reconhecimento às graças de Deus, pelo dia, pelo alimento, pela saúde, pelo emprego etc. E não os estimulam a fazer pedidos.

Suponhamos que tivéssemos dois templos: um, em que os fiéis orassem somente em agradecimentos, os pedidos seriam proibidos; e no outro, o contrário. Sabemos que haveria uma diferença estupenda de público a favor do segundo, onde os crentes se acotovelariam à busca de "desatar nós", à cata de milagres, em densos rituais de reivindicação. As glórias excelsas ao Senhor devem ser permanentes, sendo essa trajetória de

amores humanos, traições divinas

gratidão e idolatria acompanhada pela culpa dos pecadores. O suposto pecado original dos humanos solicita uma penitência contínua, um escarmento infinito.

Muitos fiéis questionaram a fé diante de circunstâncias injustas, situações insuportáveis. Atrelados às bitolas das linhas de antropomorfização de Deus, perguntaram: "Será que o Criador, perfeito e completo, não cometeu um deslize? Ou me perseguiu, me traiu? Comigo, Ele não foi fiel? Então, também não serei com Ele!" Teria o Criador realmente oferecido à criatura uma perspectiva de livre-arbítrio, a possibilidade desse erro de origem? Poderíamos imaginar que seria Dele o equívoco. Não teria Ele um ponto fraco, um traço humano, já que criou o homem à sua imagem e semelhança? Evangelhos apócrifos poderiam sugerir que o mundo se originou de um "pecado" dos deuses. A imaginação cogita possibilidades sem compromisso com a verdade. A gama inventiva tem um repertório imenso. As tradições religiosas do budismo, do catolicismo, mencionam uma hierarquia de semideuses, hostes de querubins, serafins etc. Podemos acrescentar faunos, ninfas, demiurgos, cérberos, pégasos, e ainda os super-heróis, passando por duendes e outros menos cotados em poderes extraordinários. O principal argumento que sustentaria essa perspectiva é o de que o Criador não seria necessariamente tão perfeito, talvez um deus "menor" nos tivesse criado. Por vezes, a realidade confirma algumas das cogitações, mas, em muitas outras, forçamos os acontecimentos para que sejam confirmados nossos devaneios.

Exercemos nossa principal característica, a melhor e maior diferenciação humana, de modo atrelado à mais importante dificuldade: a habilidade de pensar é prisioneira do medo da morte. Racionais e perecíveis, ainda não conseguimos lidar com essa conjugação de verdades e interesses, não achamos uma liberdade equilibrada para ela. Somos interpretadores parciais, às vezes fanáticos, influenciados pela necrofobia.

Temos também a capacidade afetiva, o amor está a nosso serviço, é o sentimento mais adequado para combater efetivamente o temor da morte. Por que o amor teria essa aptidão? Por suas próprias tendências edificantes, pois funciona com inspiração na verdade, estrutura os fundamentos emocionais da ética e das virtudes. Até que desenvolvamos um amor que consiga aplicar todo o seu cabedal, seguimos oscilando entre as mais cegas devoções e os vôos dos talentos artísticos.

Uma das mais curiosas e criativas concepções literárias é a que observamos em José Saramago. Na ideação do autor, o Cristo moribundo assim se expressa: "Então Jesus compreendeu... clamou para o céu aberto onde Deus sorria, Homens, perdoai-lhe, porque ele não sabe o que fez."! De quem realmente seria o pecado original: do Criador ou das criaturas? A resposta é simples, mas ambivalente. Como Todo-Poderoso, deus pleno, perfeito, Ele não comete equívocos, não tem pontos vulneráveis, não fraqueja em nenhum nível ou momento, nem incide em traições. Como Deus humanóide, com pelo menos um aspecto de fraqueza, ainda que uma única vulnerabilidade, pode ter expectativas, ser sensível a pedidos, negociações, cair em tentação, de modo que o destino não estaria inteiramente sob controle. Esse é o perfil de divindade que interessa à maioria dos homens, especialmente os que lidam com o mercado. É também o único deus que pode ser abalado pelo demônio, dado que essa figura do mal só se viabiliza diante de um deus tentável.

Penso que seria melhor, para o propósito de favorecer a dinamização do amor humano, que assumíssemos uma condição descrente do deus da segunda hipótese. Vamos considerar,

amores humanos, traições divinas

portanto, que no (D)deus humanóide nós não cremos. Se estamos ateus do (D)deus humanóide, não acreditamos naquela convenção vetusta, a imagem de respeitável figura masculina, do senhor idolatrado e, cuja vontade deve ser seguida a todo momento e lugar. Por outro lado, se houver o deus da primeira hipótese, o ser perfeito e completo, que domina todas as dimensões, e pudermos amá-lo, não necessitaremos de todo um trabalho especulativo para identificá-lo. Nem caberia procurar por ele, aguardar pelo encontro e pela convivência com sua divindade. Muito menos iríamos caracterizá-lo com modelos e padrões humanos, tais como letras maiúsculas. E nunca nos preocuparemos com possibilidades de que ele nos traia.

Quando pudermos amar mais e melhor, dentro das fronteiras humanas, a morte será menos estarrecedora e teremos uma reserva de amor para a outra dimensão. Se viermos a descobrir por lá que existe um Criador a quem devemos gratidão, recursos afetivos não faltarão. Não há vigília nem esperança para essa posteridade, apenas a constatação das criaturas amorosas falecidas, merecedoras dessa excelente surpresa.

O amor por Deus é para ser curtido pelos mortos.

XXII
VALORES E AMORES

Antes de dar graças a Deus, como fazem muitas pessoas consideradas de sucesso, que se dizem agraciadas por "Ele", vamos repensar os hábitos.

Os bem-sucedidos que acreditam na iluminação divina precisam levar em conta que, a rigor, quem ilumina é o valor cultural vigente. Os modismos são assimilados e expandidos pela mídia de modo automático, obsequioso e irrefletido. Richard Dawkins criou o conceito de *memes*, padrões mnemônicos equivalentes aos genes. De modo semelhante ao trabalho da natureza, que espalha os caracteres genéticos pelas gerações, a cultura exerce a difusão dos *memes*, módulos de memória assimilados pelas pessoas. Os genes fazem o processo natural; os *memes* realizam o cultural.

Um exemplo poderoso da divulgação memética é o conceito de celebridade, tão presente e destacado neste início de terceiro milênio. Observamos uma interpretação bem encomendada, um estereótipo robusto que parece obedecer cegamente ao comando memético: as celebridades são vistas como se fossem pessoas melhores que as outras.

O valor do célebre atual chega a promover descabida confusão de identidades. Os fãs do artista famoso misturam sua vida pessoal com a dos personagens que encena. Às vezes, chegam a confundir autores e atores, mesmo em países de bom nível de instrução. Imaginem que na Itália, país de enorme tradição cultural, acontece o seguinte: 47% dos italianos pensam que o ator Sean Connery escreveu o livro *O Nome da Rosa*. E o verdadeiro autor, Umberto Eco, é italiano, enquanto o ator é escocês!

O meme seria uma equivalência do arquétipo de Jung: o repertório de imagens e símbolos do inconsciente coletivo, compartilhado pela humanidade, observável na mitologia de um povo ou no imaginário individual, resumido na referência de "imagem primordial".

Parece que somos mesmo sensíveis a qualquer persuasão conceitual. Há divulgações conscientes e propagações inconscientes que tomam conta de nossas escolhas. Nos dias atuais, por exemplo, parece impossível comemorar o aniversário de uma criança sem os refrigerantes industrializados que são propagados na televisão. A Coca-Cola já pode ser galgada ao nível de arquétipo!

Guy Debord, pensador francês do século passado, identificou com precisão o panorama sociocultural contemporâneo. De modo profético, no sentido de que sua descrição vem se tornando cada dia mais evidente, ele bem definiu nosso tempo como a "sociedade do espetáculo". Superficiais e impressionáveis, valorizamos muito a figura que nomeamos de "celebridade". Diante do impacto da pessoa famosa, parece que nosso cérebro torna-se embotado e estreita a inteligência. O sujeito célebre vive a vida, os outros assistem, como espectadores do *show*. Celebrizando alguns, estamos endeusando-os, talvez os imortalizando, revigorando arquétipos das sociedades de tradições mitológicas.

O espetáculo dos velhos tempos era o mundo da mitologia, em que deuses, demiurgos e mortais imiscuíam-se em novelas fabulosas, enredos aventureiros que lembram os atuais roteiros cinematográficos. Se não temos deuses, dispomos de

amores humanos, traições divinas

celebridades. Parece que não escapamos da ansiedade mítica perniciosa, precisamos de figuras consideradas superiores, semideuses que funcionem como ponte, mantendo a via de acesso à imortalidade. A arte popular é emblemática. Os autores dirigem-se ao consumidor infantil e adolescente, mas os adultos também se sustentam com as fábulas de *O Senhor dos Anéis*, *Harry Potter*, os retornos do Batman, Super-Homem e outros.

Virgílio, autor de *Eneida*, morreu cerca de vinte anos antes do nascimento de Cristo. Mesmo antes do ano zero, já conseguia alertar a humanidade: "Quão ignorantes são as mentes dos homens, no tocante a suas sortes e seus destinos; quão relutantes ficam para manter a medida correta quando eles são enaltecidos pelo sucesso". Nosso deslumbramento pela alma imperecível sustenta-se com o fascínio por celebridades.

A era do espetáculo implica forte apelo de consumo. Temos consumido os destaques das imagens célebres, bem como os produtos que nos são apresentados pela publicidade, tudo o que é divulgado pela mídia, no embalo dos memes que vão ocupando nossa cabeça, em verdadeira lavagem cerebral. Curiosa e paradoxal essa referência para a persuasão pelos meios de comunicação. Um cérebro "lavado" deveria alcançar a assepsia, no mínimo uma limpeza ética. Bem informado, ativaria as sinapses com bons conceitos e sentimentos positivos. E o que vemos é o oposto: neurônios vazios ou recheados de asneiras.

O espetáculo e o consumismo estruturam um vigoroso binômio a fomentar as traições divinas. Em Lucas16:13, Jesus afirmou que não era possível servir simultaneamente a dois senhores: Deus e Mamon. Entre as divindades cultuadas na Antigüidade, havia Mamon, termo aramaico que significava dinheiro, riqueza. O que significaria servir a Mamon? As diretrizes obedecidas por seus seguidores, no relacionamento afetivo, corresponderiam ao contexto predatório do mercado: crueldade, astúcia rapace, exploração, desonestidade.

Servir ao deus do mercado implica uma ordem material prevalente sobre a espiritual, o que impede as expansões do amor. Mas não invalida a riqueza em si, devemos ponderar: ela é interessante como oportunidade para o espírito amoroso, que deve aprender a administrá-la, favorecendo o trabalho e a prosperidade.

Cristo reprovou o apego à matéria e o desejo de conquistá-la a todo preço. Outros mestres religiosos fizeram a mesma advertência. Ela continua valendo, mas os cristãos e os demais crentes permanecem muito aderidos à posse material e às vicissitudes mercadológicas, reciclando as traições divinas. Quem tem poder de consumo maior poderia exigir alguma seleção de produtos e idéias, aplicando melhor a prosperidade. Infelizmente, isso funciona como resistência amorosa, pois contempla a vaidade de ter mais escolhas. Os de menor capacidade consumista estariam ainda mais vulneráveis.

Pessoas que não podem consumir muito são sensíveis a pagar aparentemente pouco por grandes serviços ou bens. Comprometem-se em contratos ardilosos. Aceitam prestações que cabem no orçamento, mas que dobram ou triplicam o valor final do que foi adquirido. E também não resistiriam a comprar o que as igrejas propõem.

No seio da comunidade religiosa comandada por espírito comercial, o fiel é recebido como um cliente importante. O discurso é todo providenciado em torno do "amor" de Deus, mas o que importa é o prestígio do crente. Sua vaidade é resgatada, ele se revaloriza. Individualmente capacitado a consumir o que é próprio daquela comunidade, irmana-se, e recupera a impressão de estar ao nível dos demais. E paga caro por isso.

amores humanos, traições divinas

Na pirâmide social, é importante tornar-se membro da elite que se estreita quanto mais se aproxima do topo. Entre os poderosos, a competição prossegue, mas funciona uma confraria, há uma dinâmica de "igrejinha" em ação. Nas bases, a maioria recorre às igrejas institucionalizadas. A exploração ocorre em todos os níveis, tanto pelos predadores explícitos do mercado privado, quanto pelos travestidos de religiosos em seu comércio socializado.

O sociólogo Zigmund Bauman aponta: "Onde há necessidade, há chance de lucro...". Caracterizando o momento evolutivo atual, o autor continua solicitando nossas reflexões, sugerindo que estamos na equivalência de um *Homo oeconomicus*, ou ainda um *Homo consumens*.

Temos nos conduzido desse modo, como homens que se amam mal e pouco, cheios de medo, loucos para explorar a carência uns dos outros. Do encanador até o banqueiro, exploradores e explorados vão cumprindo os jogos dos fracos. O mundo globalizado é essencialmente governado pelos grupos poderosos. É uma verdadeira plutocracia.

Questionando toda essa vileza, podemos engrossar o coro dos que a combatem, progressivamente, não esquecendo de confirmar que a evolução amorosa é mesmo muito difícil. Mas não impossível. Temos que dar os passos que acompanhem a despretensão dos mortais, promovendo a redução de nossa fraqueza. Por enquanto, estamos submissos a ela, competindo predatoriamente no mercado. Permanecemos na etapa evolutiva do *H. oeconomicus* e/ou também do *H. consumens*, escravos da economia, do mercado e do consumismo.

A significação essencial das nossas fraquezas é o medo, vimos dizendo. Ele está atrás de toda emoção ou conduta negativa, violenta, descabida. O poder econômico e a compulsão de consumir acompanham o sistema, seguem também no vácuo dos temores. O homem dominado pelo medo basal, aquele que implica todos os efeitos e comportamentos de oposição ao amor, poderia ser apontado como o *Homo pavidus*.

Enquanto continuamos – e isso já está prolongado demais – nos níveis do *H. pavidus*, prevalecem os medos, faltam espaço e tempo para os amores. Temos adiado a fase mais desejável e construtiva para todos: o surgimento do homem verdadeiramente impávido. É a hora urgente, e a urgência acentua-se quanto mais nos damos conta do atraso: é o tempo do *Homo amorosus*. Quanto mais preenchidos de amor, mais nos tornaremos impávidos.

Oscar Wilde, bem lembrado por Eduardo Giannetti, contempla-nos com essa reflexão: "De um lado, os cínicos que conheciam o preço de tudo, mas não sabiam o valor de nada; e, de outro, os sentimentais que vislumbravam um valor incomensurável em tudo, mas não sabiam o preço de nada".

Há uma tendência clássica de se colocarem os padrões materiais polarizados em relação aos espirituais. O amor, a representação do melhor afeto, tenderia para um lado, e o valor, como aferição numérica, iria para o outro.

Apreços e Preços

Temos nos colocado em posições antagônicas, às vezes inconciliáveis, por conta de nossas ansiedades perfeccionistas, talvez um apego narcisista ao endeusamento. Tentando marcar padrões objetivos, escores de competições, dados concretos e certezas com prazos de garantia, habituamo-nos a negar muitas de nossas dificuldades, confundindo qualidades e quantidades.

António Damázio escreve: "O corpo e o cérebro de todas as pessoas podem ser observados por outros; a mente, no entanto, é observável apenas por seu dono." À medida que somos literalmente indecifráveis uns para os outros, seríamos, no máximo, interpretáveis. Cada um, a seu modo, com sua própria leitura, pode inferir o que está na mente do outro. Pode chegar perto ou distanciar-se muito, a depender da abertura, da transparência, da boa vontade, bem como da hipocrisia e do cinismo dos envolvidos.

A cifra de 5 bilhões de dólares define um biliardário nos EUA, o país mais rico do mundo. Um cérebro de mãe que insiste em mantê-la acordada por mais uma noite, enquanto não cede a febre do filho, teria um número de afeição?

A qualidade e a quantidade de amor humano de que dispomos é potencialmente enorme, mas o exercício é limitado. Preocupados com as ordens e perspectivas do amor divino, trocamos pouco como pessoas e entramos nas contraditórias negociações com o deus humanóide.

Na expectativa de salvar nossas almas a longo ou indefinido tempo, complicamos as oportunidades de nos amar e melhorar muito o presente e o futuro de curto e médio prazos.

Amor Amoral

Patrocinadas pelo amor, as relações desenvolveriam um respeito, uma arte e uma ética quase infalíveis, as pessoas conviveriam em constante progresso físico e prosperidade espiritual. André Comte-Sponville comenta: "A salvação...não é nem psicológica, nem política, nem estética. Podemos acrescentar: também não é moral. A santidade nunca salvou ninguém, e se o sábio é virtuoso, o é mais por virtude...do que por dever. O amor e a alegria lhe bastam, e não precisam de regras."

Mais adiante: "Necessitamos de moral apenas por falta de amor, e é nisso, sobretudo, que a moral se assemelha a nós ou, talvez, nos define. Miséria do homem: necessitar de uma moral! Grandeza do homem: ser capaz disso!'".

Essas reflexões de Sponville me inspiraram a uma tentativa de classificar as pessoas em três níveis de qualidade espiritual:
1) os espíritos que amam o suficiente e não necessitam da moral;
2) os que amam menos, necessitando da moral;
3) os que não amam e nem lhes adianta a moral.

Em uma adaptação que se servisse da nomenclatura religiosa sem compromisso com as religiões, questionando a impregnação cultural que as virtudes têm com as santidades, teríamos:

1) em primeiro lugar, os espíritos virtuosos, santos de virtude, de alto nível amoroso e não de processos de beatificações. Eles amam bem, prescindem da moral, correspondem a uma minoria próxima do melhor padrão de relacionamento possível entre os seres humanos. Comparando os gêneros, há uma clara predominância feminina neste espaço, pois as mulheres continuam dando os melhores exemplos de amor. Há um número significativo de homens, no entanto, com essa capacidade afetiva. Ambos podem compor um grupo que interage predominantemente por amor, pouco preocupado em levar vantagens, ter garantias, cada um assumindo o próprio sentimento, não fugindo da responsabilidade de reconhecê-lo, nem o atribuindo a Deus;
2) em segundo, os espíritos comuns, de nível amoroso mediano, que amam insuficientemente, que não podem ficar sem a moral, correspondendo a uma grande maioria, que ama com muitas ambivalências, com estilo mercantilista, expectando garantias, conferindo vantagens, misturando e negociando os próprios sentimentos com o amor de Deus;

3) em terceiro, os espíritos menos humanos, diabólicos, de nível amoroso sofrível, que amam muito mal e que nem com a moral conseguem ajustar-se, correspondendo a uma minoria perversa.

Assim proposto, podemos concentrar nossas preocupações evolutivas nos espíritos essencialmente humanos, de recursos mortais, que podem aprimorar a capacidade de amar enquanto estiverem vivos.

XXIII
SATURNOS E NOTURNOS

Eis um exercício de ficção sobre a perspectiva utópica do mundo de amor predominante. O texto deste capítulo corresponde ao trabalho de um indivíduo que vive no futuro.

Código AmaAmoAmor / Data a ser automatizada quando pronta a última revisão.

A orgia já vai começar, não com perspectiva exclusivamente sexual, como se fosse uma muito antiga festa saturnal. A alegria é efeito do amor. Começo assim este meu relatório diário. É o primeiro rascunho da composição em linguagem escrita.

Vou desenvolver este texto sob alguma influência dos valores de uma época não muito distante: o início do terceiro milênio. Depois de circular pelas histórias do primeiro e segundo, fiquei mais um tempo revendo essa transição dos anos 2000, onde me fixei mais detidamente.

Farei um relato sintético, como se estivesse escrevendo para uma pessoa que vivesse no início do século XXI, em estilo e linguagem aproximada à época. Esse exercício permitirá reflexões sobre a avaliação do nosso desempenho amoroso atual, acompanhando as demandas do nosso contexto, o que sempre exige repensar limites e evoluções. Rever o passado é um alerta para que não o repitamos em seus pontos regressivos, e pode ser um reforço de aproveitamento dos seus progressos contemporâneos. Muitas vezes, reciclamos valores que se revelam pouco anacrônicos.

Então, caro leitor virtual do passado, observe como estamos na minha atualidade: hoje, ama-se de formas diversas, com variadas participações e influências do desejo carnal ou não. Amamos com arranjos musicais e poemas que deliciosamente sensibilizam as vias auditivas, cores e luzes que nutrem as retinas, odores que inebriam as narinas, sabores a excitar a língua, a invadir a boca, toques prazerosos pelos corpos vestidos em arrumação social ou despidos em ocasiões programáveis e nos espasmos íntimos.

As vestimentas não têm critérios de vergonha, podemos expor os genitais em público, trajando uma roupa que cobre esteticamente um ombro e a perna contralateral, partes unidas por fios transparentes. O controle de temperatura e a climatização dispensam roupas, mas há um entusiasmo artístico que as exige.

As massagens são epidérmicas, externas, mas também ocorrem as internas, as quais estão a serviço de egos menos narcisistas, carregadas de afeto sem afetação.

As minhas vivências emocionais e comportamentais do cotidiano podem exemplificar esse panorama. Minha primeira inclinação foi a de começar este ensaio pela manhã, com o café à mesa. Mas outra inspiração, mais pretérita em relação a um despertar, que prepara o amanhã com carinho, através de uma ótima noite de sonho, prevaleceu.

Sou um historiador afetivo, estou trabalhando nessa função pela primeira vez. No registro para memória do meu tempo, ratifico que a data estará confirmada e automatizada na revisão final do texto. O que está sendo escrito e gravado é um rascunho que passará por hipercorreção eletrônica.

Desde já, respeitando minha primeira inspiração, o texto estará memorizado, registrado em sistemas de acesso

amores humanos, traições divinas

multidisciplinares, em todas as línguas ainda faladas nessa atualidade e no idioma-critério que serve às nações históricas todas.

A importância do momento e de seus registros é previsível e indispensável, à medida que nossa evolução tem sido muito acelerada, desde a descoberta compreensiva e a aplicabilidade intensificada das relações de amor.

Cada melhoria, cada conquista afetiva, tem que ser devidamente valorizada, dimensionada e gravada. Sempre que for necessário, será repensada e aplicada. Servimo-nos de vários critérios de avaliação, medidas diretas e indiretas, tais como o Q. A. (Quociente Amoroso), diversas impressões críticas e comentários, edificando e melhorando o I. A. (Índice Amoroso), no plano geral e particular.

Hoje à noite, meu sono estará favorecido pelos lençóis e colchões de tecnologia recém-divulgada, meus dentes receberão um creme dental que dispensa a escovação convencional.

As novidades coetâneas para o consumo têm inspiração mais amorosa e menos comercial. O índice de autenticidade dos produtos tem progredido aceleradamente, a publicidade realça as boas qualidades sem exageros ou mentiras.

Com acesso amplificado às pessoas, cerca de 85% da população mundial adquire os melhores produtos sem sacrifícios.

Atividades artísticas combinadas, de alcance histórico e inovador, vão se tornando rotineiras, disponíveis em pontos próximos às moradias, quando se quer preservar o estilo mais antigo dos eventos. Para que tudo não se concentre demais no mundo renovado e aproveite os bons recursos convencionais, essas iniciativas são interessantes e essenciais, equilibrando inovações e tradições.

A mais recente apresentação artística de bairros é a que se serve dos templos onde há carrilhões e espaços para corais. Restaurando os sinos originais e aproveitando as acústicas adaptadas, as igrejas são museus ativos e podem apresentar uma diversificada programação. Este serviço receberia, no início do terceiro milênio, o adjetivo de ecumênico, pois faz uma escala indistinta das religiões, programando horas musicais ortodoxas, hebraicas, muçulmanas, cristãs e outras.

O número de circos tem aumentado, há uma espécie de modismo restaurador dos shows circenses, à medida que se descobriram detalhes psicodinâmicos de grande relevância para o amor, nas interações que as crianças e adultos vivem com palhaços e acrobatas.

Vou completando a minha primeira metade do texto de hoje. Logo que fechar a segunda, vou dormir.

Em alguns minutos, vou entrar no sono profundo e restaurador que os seres bem amados experimentam. Meu dia foi realmente útil, o trabalho rendeu, a sessão de terapia do amor também, o curso sobre Filosofia do Amor trouxe novas e instigantes reflexões.

Mais uma Universidade do Amor foi inaugurada, na região de minha moradia, com cursos sobre saúde, educação, sexualidade, ciências humanas e outros, todos em estreita conexão com o nosso mais importante sentimento. Também se estuda, nessa nova escola, toda a história da religião e as más interpretações e manipulações do amor implicadas com as crenças.

A Terra tem cerca de quatorze bilhões de pessoas em harmonia quase absoluta, ainda restam uns focos de baixa interação amorosa, uns quinhentos mil perversos e cerca de dois milhões que há pouco tempo saíram da faixa da perversão.

amores humanos, traições divinas

Na função de historiador afetivo, dedico-me a observar e a detectar focos de desamor ou regressão sentimental que estejam atrapalhando o aproveitamento amoroso. Este é meu primeiro exercício nesta função. Sinto-me razoavelmente preparado e em forma, depois de duas semanas de terapia e prevenção em um spa clínico.

Uma das maiores e melhores referências de evolução amorosa atual são os nossos serviços de saúde. Cada pessoa permanece uma quinzena por semestre em um hotel de saúde, onde passa por todos os testes e exames. Há avaliações de especialistas em saúde física geral, mental, psicológica, cerebral, social, profissional, odontológica, sexual, dermatológica, sensorial, sentimental e estética. Um clínico basal acompanha as avaliações e sugestões, balanceando as prescrições, checando efeitos colaterais, seguindo os procedimentos, os atos cirúrgicos, cuidando das prevenções.

Ao longo do semestre, até a nova hospedagem, há um contato semanal com o médico que faz a base. Quando necessário, ele indica especialistas para os controles preventivos, clínicos e eventuais procedimentos.

A instrução é desenvolvida com escolaridade automática para todas as pessoas. Cerca de setenta por cento das pessoas têm o que corresponderia a um nível de pós-graduação do início do terceiro milênio. Além do estudo regular que preenche um currículo até os trinta anos, temos reciclagens anuais nas especialidades. Quaisquer cursos curriculares incluem formação experimental e pedagógica em Educação Amorosa.

Um grande trabalho didático e metodológico repensa as aulas teóricas, práticas, virtuais de todos os tipos e níveis de nosso mais nobre sentimento. Conhecer música e tocar algum instrumento é estimulado universalmente. Concursos municipais de poemas premiam diversos autores, em programas diários. Esculpir e pintar estão favorecidos por mecanismos virtuais e materiais específicos.

A atividade física é diária e facilitada para todos, sem exploração comercial. Os exercícios estenderam-se para todas as funções corporais, mentais, emocionais, sentimentais e espirituais. Fazemos psicoterapia como se faz ginástica aeróbica, treinamento amoroso do mesmo modo que um programa anaeróbico. As preocupações com a saúde são priorizadas em relação à estética, e a beleza é cultuada sem excessos.

Os esportes, os jogos, as disputas olímpicas, os campeonatos, são desenvolvidos com muito cuidado e organização artística, favorecendo a sublimação das ansiedades guerreiras, dos impulsos de competição, e promovendo deliciosos espetáculos de exibição da técnica e talento dos atletas.

Os torcedores também são preparados para atividades sublimadas e aproveitamento de suas potencialidades diversas, evitando-se confrontos estúpidos e condutas truculentas.

Com o baixo nível de perversão, a criminalidade é rara e ocasional. As corporações policiais ainda são necessárias, mas a globalização e as atualizações turísticas de fronteiras dispensam progressivamente os efetivos militares. Não temos nenhum foco de guerra onde se usem armas. Atritos e diversidades são debatidos sistematicamente em reuniões dos parlamentos regionais e também nos de maiores abrangências. Discutem-se mais as resistências ao entrosamento amoroso nos pontos de conflito.

A evolução tecnológica e a pesquisa científica contemplam as prevenções e as terapêuticas das doenças e dos traumas. Temos uma vida média acima dos cem anos de idade, com alguns focos de senescência ainda maiores.

amores humanos, traições divinas

As referências que estou acessando sobre o início do século XXI mostram uma grande preocupação com as imagens, muito esforço para conseguir corpos esbeltos e torneados, aparência muscular de força, homens vigorosos e mulheres esqueléticas de recheio artificial, com muitas próteses.

Muitas publicações expressam os padrões das modelos que desfilam em grandes eventos de moda. Não se vê uma mulher madura e mais robusta nessas oportunidades. No momento em que escrevo, comemoramos a satisfação de vencer essas exigências. Temos desfiles com mulheres de todas as idades, em vários padrões corporais. Muitas das nossas lojas, em centros de compras, transformaram as suas cabinas para troca de roupas em vestiário de bastidores, pois a clientela faz seus próprios cortejos.

Um casal vai às compras com intermediação e participação ampla, quaisquer que sejam as orientações sexuais dos pares. Os heterossexuais e homossexuais compartilham esses espaços e tempos, de modo útil e divertido. Enquanto um par escolhe, experimenta uma roupa completa, desfila em uma passarela que circunda toda a loja, passa pelas vitrines, o outro observa, assistindo em poltronas confortáveis ao vivo e nas telas dos vários setores e ângulos de televisão. Ao final, decidem por aquele traje ou verificam outro.

Tenho uma companheira que me inspira sentimental e eroticamente. As relações românticas são estimuladas, sem exigência de exclusividade ou fidelidade. Descobrem-se, nos estudos e práticas do sexo e da ternura, que os compromissos exigem dos envolvidos mais do que eles podem dar. Também se observa que quanto mais livres para as opções, os pares amorosos tendem a escolher, de novo, as mesmas pessoas. Quanto mais liberdade e amor, mais fidelidade espontânea.

A espontaneidade que norteia um companheiro amoroso fiel é uma dedicação distante do dever ou da obrigação. Os registros das relações dos séculos XX e XXI mostram que os pares tinham grande preocupação com a exclusividade afetiva e sexual. No casal, havia uma fixação em conferir os comportamentos que fossem provas de amor. E quem devia provar era o objeto e não o sujeito sentimental. Cada um checava se era amado pelo outro e não se estava amando.

Hoje, cada par está atento ao próprio sentimento, questionando como sente o amor, como estão as suas emoções e condutas afetivas e eróticas, ao invés de espionar o outro, de cobrar respeito e devotamento exclusivo. Percebem-se, nos exercícios amorosos, que a ansiedade de ser amado é um desgaste emocional enorme, uma escravidão narcisista.

Estudar e praticar amor ajuda a perceber e combater surrados equívocos. Sensações de pouca legitimidade afetiva conduzem o ser humano a uma busca absurda, compondo um cenário obsessivo, onde ele tenta reerguer-se exigindo amor dos outros. Caso alguém lhe demonstre afeição, forma-se uma dependência insana, aprofundando-o em uma tóxica devoção à vaidade.

Precisar ansiosamente de afeto empobrece a alma e abate os potenciais emotivos. Empenhar-se em provas de amor aprisiona, ao passo que oferecer amor é libertação.

Sentir-se "livre e bem acompanhado" em uma relação, curta ou longa, sintetiza o bom aproveitamento do par amoroso.

As idealizações do afeto, o amparo teórico e a realização prática de sonhos e ilusões compõem a subjetividade sentimental que alimenta o universo abstrato dos amores. Esse contexto é trabalhado em profundidade, decomposto em fatos científicos

amores humanos, traições divinas

e protege uma reserva de magia, cujo nível de encantamento é suficiente para enlevos e êxtases.

O encanto e a mágica dos enamoramentos, as capacidades e exercícios amorosos das pessoas mais habilitadas sentimentalmente, comparadas aos anjos no início do século XXI, são devidamente entendidos no plano humano, não mais confundidos com as especulações divinas.

Há grande respeito pelas escolhas, orientações e alternativas sexuais. Bissexuais e homossexuais não são mais discriminados. Houve apenas duas ocorrências de preconceitos contra homossexuais em minha cidade, nos últimos cinco anos. A homossexualidade que infunde amor é contemplada com vários projetos e apoios, e a que tem uma base homorrival mais forte, que implica mais competição, tem sido mais discutida e revista.

Homens e mulheres estão compreendendo mais amplamente que os anseios homorrivais, em cada gênero, dificultam o intercâmbio amoroso. Conflitos de homorrivalidade atrapalham e comprometem as atividades em geral, especialmente as esportivas e políticas, tanto de hétero, de homo ou bissexuais. Ciúmes, inveja e outros medos ligados às comparações homorrivais são dissecados até os detalhes mais específicos e combatidos com veemência.

Sinto-me na hora de parar de escrever e dormir. Após o café da manhã, retomo o rascunho e fecho o relatório do dia anterior.

Amanhã, está para estourar uma novidade saudável e divertida: cientistas da saúde estão completando estudos para que possamos dispensar os cortes de fâneros. A energia autonômica que se reconhece convencionalmente dedicada ao crescimento de cabelos, pelos, unhas, será convertida em manutenção da boa higidez e da aparência da pele. Teremos cabeleireiros só para colorir e criar penteados, à medida que não mais será necessário cortar cabelos, nem unhas!

Estamos aprendendo que as relações satisfatórias ocorrem independentemente do setor envolvido, seja pessoal, comercial, política ou de outra ordem. Quando trocas e intercâmbios diversos são impregnados de amor, o resultado ético favorável às duas partes é automático.

Paulatinamente, observamos que a necessidade intelectual de recorrer à palavra "ética", tão insistentemente convocada no século XXI, diminui. O afeto mais evoluído na prática vai dispensando a referência teórica do vocábulo.

Um sono agradável espera-me. A sensação de amor presente, meu e dos outros, entusiasma o dia e preenche a noite.

XXIV
UTOPIAS E PORFIAS

O passado inspira o futuro, o presente é a ponte dessa inspiração.

Queremos repetir ou corrigir as experiências. A inteligência amorosa, como vimos no cap. XI, tem que funcionar aí, deve aplicar toda a potencialidade intelectual e espiritual nessa transição constante e dinâmica.

Atuar e pensar com inteligência e amor não pode depender da expectativa no futuro celestial, o paraíso religioso. Isso adia as assunções e conscientizações necessárias à evolução. Certa vez, tive a chance de assistir a uma cerimônia de matrimônio muito bela. Em um templo católico, ouvia-se um coro luterano entoando lindas canções, compondo um modelo de ecumenismo festivo muito interessante.

Em um mundo descrente do amor divino (prosseguindo ou não a crença em Deus), criações e atividades ligadas às religiões que nos fornecem enlevos estéticos poderiam continuar, não teriam que ser evitadas. Desde que, no papel de embalo sensorial, não se aspirasse a um privilégio espiritual, nem houvesse a intenção de receber bênçãos especiais.

Um mundo realmente humano, obcecado pelo amor, em inesgotável e ininterrupta preparação para fruir, estudar e discutir o sentimento, seria próximo do ideal. Amando cada vez mais e melhor, sempre favorecendo a massa crítica que repensasse o processo, estabeleceríamos uma dinâmica útil e democrática, solidarizando-nos e não nos acomodando.

Precisamos de amor, temos a promover uma profunda e extensa revolução sentimental. Em geral, os crentes que bem intencionados aproveitam a índole construtiva, sem perder a fé no seu Deus, e não fogem de colaborar com esse amor revolucionário. A ginecologista e sexóloga Rosa Emília Lacerda tem esse equilíbrio emocional e ideológico. Mantém sua crença católica de modo aberto, crítico e democrático, sempre dedicada a divulgar o amor, em palestras e atividades para grupos sociais mais carentes.

Muitos processos revolucionários foram desenvolvidos ao longo da História, uns bem-sucedidos, outros nem tanto. Falta o mais importante, o que revalorize o ser humano como sujeito e objeto de amor, como fonte e foco amoroso. A revolução sexual, reconhecida desde as décadas de 1960–70 e confirmada na seqüência dos acontecimentos, reviu o erotismo, revalorizou a mulher e reciclou o papel do corpo. Temos que aproveitar esse momento e desenvolver uma revolução do espírito humano e da sua potencialidade afetiva.

Uma revolução espiritual tem que acompanhar a reforma amorosa, mas não no sentido "espírita" que a frase pode sugerir. O espiritismo e outras doutrinas de cunho religioso professam o aperfeiçoamento moral dos homens. É essencial pensar nesse fundamento, mas de modo não comprometido com as religiões. À medida que nos aperfeiçoamos amorosamente, vamos dispensando a moral. Portanto, não mais caberia essa perspectiva, seja da ordem espírita ou de outra qualquer.

Desde 2000, um grupo de pessoas de profissões e credos diversos deu início a um programa de reuniões quinzenais para estudar e discutir amor, em Campinas. Hoje, em meados de 2006, comemorando seis anos de atividades, continuamos debatendo vários livros, filmes, artigos, promovendo seminários e

amores humanos, traições divinas

outras atividades. Convivemos com diferentes teses, crenças, motivações, com participação democrática e aberta, abrangendo pós-graduados e indivíduos de escolaridade média. Assim trabalhamos e nos divertimos no GEA (Grupo de Estudos sobre o Amor).

Costumamos brincar com os novos interessados que surgem, dizendo que somos muito exigentes em relação ao currículo amoroso do candidato! Depois do susto, fica bem claro que não há ninguém realmente habilitado em amor, muito menos um pretensioso que se propusesse a avaliar a carreira amorosa dos outros.

Sueli O. Castro, psicanalista que esteve em convento, sintetizou suas idéias neste recado: "Acredito em Deus, Ser de esfera superior e que não é possível ser entendido humanamente em nossos ensaios didáticos e disciplinadores, passados de geração em geração e evoluindo muito vagarosamente... Cada religião detém uma parcela da Verdade e nenhuma a tem toda, nem tampouco a soma delas completa o significado real".

A vivência de freira deve contribuir para que ela se mostre renitente à possibilidade de desistir de vez da religião. O exercício espiritual das doutrinas religiosas sugere uma conexão com Deus de difícil contestação. Está implicado um hábito tenaz e persistente, como se a renúncia religiosa afrontasse Deus, mobilizando ira divina e castigo proporcional. Deus não pode ser afrontado, Ele não é humano, não podemos desafiá-lo. Insisto em nossa dificuldade e absoluta ignorância a respeito do que seja o estado divino.

A referência de divindade é sinônima de um ser humano todo-poderoso. Se existir alguma divindade, não deve ser essa que concentra forças e poderes ansiados pelo homem. Como ele não consegue ser divino e superar a morte, idealiza um Deus-

Homem com potestade absoluta, a quem adorar e de quem ganhar a salvação. Não pode haver essa hierarquia comparativa. A essência divina é de outra natureza, incomparável às características humanas.

Não há sentido falar em justiça divina que leve em conta atitudes e emoções humanas, que avalie nossas iniqüidades e nossos méritos, que nos promova aos prazeres dos céus ou nos condene aos sofrimentos dos infernos. O contexto divino é inabordável, inacessível, impenetrável. Provavelmente uma ilusão, uma fantasia dos homens, uma criação humana para abafar as nossas carências. Talvez Deus exista. Existir, aliás, é qualidade dos humanos. Nós é que necessitamos empregar essa palavra para que nos façamos entender. Se há Deus, mesmo que seja nosso Criador, não é problema nosso, a existência Dele não é compatível à nossa.

De maneira universalizada, as religiões propõem um Criador que deve ser amado acima de todas as coisas. Se já não bastasse indicar é um ser humano todo-poderoso, ainda se fala que Ele é uma prova de pretensão narcisista, um exponencial vaidoso! Voltemos a nosso único universo, o mundo dos homens, onde convivemos com exemplos que nos declaram injustos, deficientes e afetivamente paupérrimos.

Ralph Nader, candidato de pequena expressão à presidência dos EUA, uma quinzena antes da eleição de 2004, em entrevista a David Letterman, comentava que existem empresas norte-americanas que pagam 7000 dólares/hora a um executivo de diretoria e 7 dólares/hora para um funcionário do nível básico! Mil vezes mais, ou menos! – o susto vale para cima ou para baixo... Parece inconcebível essa dimensão, pois não há como um ser humano valer mais do que outro, ainda mais numericamente.

amores humanos, traições divinas

Se tentássemos avaliar com um número, uma quantidade objetiva, a medida do amor que somos capazes de trocar, na atualidade, ela seria baixa, inferior a uma média imaginária. Se medíssemos amor de zero a cem, hoje estaríamos no nível vinte, no máximo, trinta. Seria desejável que organizássemos atividades consistentes e contínuas de estudos e condutas amorosas.

Em uma parede do primeiro local de reuniões do GEA, havia um *poster* de Bob Marley com o recado: "Há pessoas que amam o poder e outras que têm o poder de amar"!

PLANTÃO DE AMOR

Um serviço de cobertura amorosa ininterrupto, uma oportunidade permanente de discutir, refletindo sobre nossas atuações e chances de aprimorar a boa interação afetiva, seria um dos esforços a desenvolver, de modo globalizado.

Uma boa e democrática polêmica, sem pretensões ambiciosas, sem definir o dono da verdade, um convite de inspiração ecumênica, compondo um conjunto de opiniões e propostas, seria a ala religiosa do fórum, congregando vários credos, que discutisse amor e formasse algumas referências norteadoras dos seus prosélitos e das pessoas em geral.

Segundo os moldes das igrejas, cujas linguagens têm vocábulos restritos ao uso específico, seria uma participação irenista, não interessada no entusiasmo em discutir de modo sectário ou retoricamente, mas bem disposta a trocar idéias, encontrar elos e caminhos comuns.

A começar das religiões, que hoje detêm os principais discursos sobre o amor, o fórum necessitaria de colaboração de todas as áreas do conhecimento e das artes. Em especial, das neurociências, da bioquímica, da medicina, assim como da psicologia, sociologia, ecologia e antropologia, da filosofia, arquitetura, música, literatura, da pedagogia e da educação, da enfermagem e da nutrição, e demais habilidades cientificas e plásticas dos humanos.

XXV
FÓRUM E QUORUM

A relutância em se montar e sustentar um plantão de idéias e reformas sobre o amor, enfocando especialmente o sentimento humano e questionando o divino, seria enorme, especialmente nas bases religiosas. Sem o Deus que conhecemos, as igrejas se esvaziariam, podemos supor. No entanto, a busca pelo aprimoramento e pela expansão do amor poderia servir-se dos próprios domínios institucionais das religiões.

O pensador John Rawls indica que sustentar as instituições democrático-representativas envolve um "consenso sobreposto", que se estabeleceria em torno de alguns requisitos: igualdade política e de oportunidades, respeito mútuo e garantia de reciprocidade econômica. As populações do mundo capazes de manter os sistemas de representatividade democrática estariam inspiradas no amor, mesmo que o autor não tenha se referido a ele.

No ideário de Rawls, a justiça é indissociável da eqüidade, e abrange todos os grupos atuantes da sociedade. Além das liberdades básicas, ele recomenda acesso aos bens primários, o que alicerça as bases sociais do auto-respeito. Na seqüência, postula os direitos humanos como redutores das tensões entre a Ética e a Política. O título de uma de suas obras, *Uma Teoria da Justiça*, revela grande preocupação com as relações humanas e o seu caráter de (in)justas.

Ainda que não direcionem as atenções dos leitores para o amor, Rawls e outros autores preocupados em promover nossas virtudes prestam-nos grande benefício afetivo. Indiretamente, eles enaltecem o amor quando, por exemplo, prescrevem a justiça como "a primeira virtude das instituições", e a verdade como "a de todos os sistemas filosóficos".

A promoção do amor, recurso humano primordial, reserva emocional capaz de nos agregar e de fazer nossa espécie mais cooperativa, traz no seu vácuo todas as outras boas qualidades. Do amor, tronco essencial das virtudes, nascem e crescem os ramos que representam cada uma delas. Do mesmo modo, em outro pólo, vimos que o medo é a progênie que se espraia nos sentimentos negativos, sustentando nossas dificuldades para funcionar em cooperação mais ampla e generalizada.

Há algumas contradições implícitas em nossas observações cotidianas sobre emoções e comportamentos. Falamos muito em direitos e justiça, pregamos desenvolver políticas públicas e globalizadas que defendam os interesses da maioria, os empenhos democráticos e similares. Seriam perspectivas construtivas, idealmente baseadas no amor. Entretanto, raramente isso se confirma.

Há certo consenso – não o sobreposto de Rawls, não se chegou lá, ainda – de repercussão universal, quanto a direitos humanos, respeito às diferenças, à mulher, às pessoas portadoras de deficiências, aos idosos, adolescentes etc. Estatutos, Ongs, entidades classistas, iniciativas de vários tipos espocam em diferentes locais e tempos.

Os aspectos mais complexos dessas tentativas são os efeitos contrários, verdadeiros rebotes que desarticulam os programas. As contradições, no entanto, podem ser apenas aparentes, isto é, a inspiração do projeto que está falhando pode não ter sido o amor, mas, o medo. Por exemplo, quando defendemos a justiça social porque temos muito medo de continuar excluídos,

amores humanos, traições divinas

o movimento tenderá a ser mais rancoroso do que mutualista. Na inspiração amorosa, os mutirões serão mais espontâneos, a cooperação é praticamente automática.

Este livro convida os leitores, as pessoas em geral, para um trabalho permanente de desenvolvimento do amor humano. A convocação é ampla, a participação é imprevisível. Aproximo-me do final do texto e não sei se os que me leram vão receber o recado. A expectativa de formatar uma idéia conclusiva e encerrar o livro com uma mensagem sintética e definitiva é uma sedução habitual para o escritor. Quero chegar a um desfecho apoiado no amor, ainda que imperfeito e com a impressão latente de que a mensagem ficou incompleta, mas que consegui entregar o convite em mãos.

O principal valor da comunicação humana, respeitando as interpretações individuais do emissor e do receptor, é a possibilidade do consenso. Este é sempre favorecido pelo espírito amoroso, mas nunca pode renunciar a seu poder crítico. Talvez um amor exigente, como ensinam os militantes do padre Haroldo Rahn, resumisse a melhor aplicação afetiva possível, com a devida ressalva, ou seja, desde que a construção dinâmica desse sentimento rigoroso estivesse resolvida dentro dos perímetros do homem. A disciplina e a crítica amorosas perderiam o efeito humano se entrassem nas regras religiosas e divinas. Precisamos intercalar, por vezes, um amor mais terno e brando, como o de uma mãe tolerante, para depois retomar o amor pesado, norteado por limites indispensáveis, mas necessariamente flexíveis.

A sociedade meritocrática é baseada na ética da competição, semelhante às leis de mercado. A aproximação mercantilista atrai as ansiedades perversas, as conquistas vaidosas, as exibições narcisistas, distanciando o sucesso do amor. Iluminados pela mídia, pelos valores do mercado, pelas imagens que exageram no magnetismo das pessoas consideradas célebres, o universo idólatra funciona a todo vapor. A maioria deslumbra-se com os préstimos das celebridades, estas cultuam a própria vaidade, em um conjunto degradado que as enaltece em andores e altares de toda ordem.

Como observamos, a cultura da celebridade é maligna, uma verdadeira inteligência perversa. Aqueles que se sentem agraciados pelo sucesso, como se fossem bênçãos divinas, vão consolidando essa perversão. O critério fundamentado no mérito e no espetáculo pode seduzir os competidores pela doxomania, a necessidade da glória a qualquer preço, tendendo a concentrar o foco meritório em uma única pessoa, no máximo em grupos pequenos. Isso cultua as famigeradas figuras célebres, realimentando o narcisismo e a vaidade, chegando a promover expectativas de fundo sadomasoquista.

Muitas pessoas famosas necessitam reafirmar seus prestígios desprezando os admiradores, escravizando funcionários ou mesmo se interessando por superar proibições. Para os famosos, leis e regras não podem valer do mesmo modo que funcionam para os comuns. É curioso realçar as incoerências dos sujeitos que batalham para atingir o *status* de poderosos. Eles exibem o sucesso e escondem o dinheiro, pagam para publicarem suas fotos e resguardam-se no sigilo bancário!

Uma competição mais sublimada, de inspiração amorosa, tende a compartilhar sucessos, reverenciar vencedores e derrotados. O melhor e mais virtuoso mérito, portanto, é o que se conecta ao amor. Aquele que se inspira nos padrões da economia de mercado estimula o medo e as disputas perversas.

Quando, fundamental e teoricamente, tendessem ao mercado ideal, justo e compartilhado, os homens não sentiriam inveja,

amores humanos, traições divinas

pois haveriam de reconhecer e aprovar os resultados desiguais vindos das variações do princípio adotado. Mas, na prática, esse critério de justiça não é o único, nem o mais convincente. Vai caindo em um liberalismo ultrapassado, onde a liberdade de cada um é o primeiro e único direito. Para uma sociedade que não comungue com esse liberalismo, a justiça poderia ser inspirada em Karl Marx: "A cada qual segundo suas necessidades, de cada qual segundo suas capacidades". Porém, na sociedade regida por tal princípio, seguiriam ocorrendo desigualdades, vicejando ciumentos e invejosos.

A resposta conciliatória definitiva e satisfatória não se prende ao sistema político, à ideologia de um método. Não são estes contextos objetivos que promovem ou não a inveja, o ciúme e as diferenças, mas a deficiência amorosa subjetiva.

XXVI
PERVERSÃO E PERFEIÇÃO

Nossa subjetividade amorosa deficiente é complexa, implicando múltiplas áreas de bloqueio e limitações. Ela não tem um caráter apenas insuficiente quanto à qualidade e à quantidade, conforme a citação do Leloup no cap. II. Além de amar pouco e mal, talvez as maiores deficiências do amor sejam as devidas à perversão. Um sujeito perverso não ama ou ama muito pouco, ama mal, e ainda prejudica o objeto do sentimento, deprecia-o. No mínimo, irá explorá-lo, durante a relação. Se não continuarem juntos, irá deixá-lo com características de abandono.

A perversão pode chegar a requintes sutis e paradoxais. Roland Barthes, no tópico "Anulação" dos seus *Fragmentos de um discurso amoroso*, mostra como funciona uma verdadeira "perversão amorosa": o sujeito ama o amor, não o objeto. Ou o sujeito deseja o desejo, o objeto amado é um agente. É como se o objeto fosse empalhado, portanto anulado, para que o sujeito transfira o desejo. Se perder o objeto anulado, chora a perda do amor, não do fulano.

O perverso serve-se do objeto como se fosse um verdadeiro deus, um deus doloso, um todo-poderoso do mal. Ele exerce um domínio que também pode significar uma enorme deslealdade com todos os humanos. Parece obra do demônio. Aliás, nessas oportunidades, os evangelizadores perniciosos entram com toda a teatralidade possível e persuadem os prosélitos. Do mesmo modo que falam levianamente em nome de Deus, discorrem sobre os diabos como se os conhecessem intimamente.

Na medida em que nos consideramos imortais, acreditando dispor dessa faixa de divindade que garante a eternidade, podemos ser maquiavélicos e pérfidos, muito perversos conosco mesmos.

Seduzidos pela chance de escapar da maior das ansiedades, livrar-nos do medo da morte, aceitamos a pretensão da imortalidade. E concebemos o que usamos chamar de "vida eterna", algo que não pode ser o processo natural da própria vida, que é contrário à evolução genuína que finda na morte. Portanto, em seu caráter essencial, a vida eterna é uma "antivida", um desamor para conosco, seres vitais, uma saliente traição divina.

Precisamos assumir e aprimorar a nossa condição de seres humanos. Considerar-nos semelhantes aos divinos compromete a assunção das nossas limitações e o aprimoramento dos potenciais, distanciando-nos do amor. Afastar os seres humanos de seu próprio amor ratifica a mais divina das traições.

Caracterizar o homem como eterno restringe a oportunidade de encararmos nossa condição real de um ser vivo, e inapelavelmente mortal. Esse corajoso enfrentamento é decisivo para prolongar a vida e recheá-la de amor.

Em uma escola infantil que adota o método de Maria Montessori, pude observar um quadro com a seguinte frase da médica e educadora: *Love holds the universe together because is a real force not just an idea*. A sentença, em português, perderia um pouco do vigor, mas seria, conforme a ajuda da profa. Sandra Elizabet Figueiredo: "o amor mantém o universo unido porque é uma força real e não apenas uma idéia".

Os vernáculos expressam os sentimentos com suas características típicas, de modo que nem sempre as traduções preenchem os fundamentos das mensagens. Perguntei a uma pessoa nascida nas Filipinas como seria "eu te amo" em tagalo, idioma malaio. Ela me devolveu: *mahal kita*, em seu próprio sotaque.

amores humanos, traições divinas

Quando pedi que escrevesse a expressão, mais uma vez observei como são profundamente diferentes as percepções do recado escrito e do falado. Uma voz delicada ratifica o sentimento, uma letra ruim o põe em dúvida...

Por vezes, mesmo em seus dialetos originais, entre duas pessoas que vivem no mesmo local desde que nasceram, as comunicações afetivas são mal interpretadas, omissas. Em alguns casos, imperceptíveis. O sujeito dá uma entonação especial ao falar: "eu te amo", mas quem escuta recebe em outra sintonia, o que foi transmitido perde-se em ondas desvairadas. A mais significativa das mensagens afetivas é deturpada, extravia-se com relativa facilidade.

A manipulação das expressões sentimentais também não é rara, lamentavelmente. Em um casal machista, por exemplo: o marido insiste, martela no ouvido da mulher que a ama, que a ama, dia e noite, acorda-a de madrugada com seresteiros à janela, contratados especialmente para enaltecer o amor, mas a verdade emocional é outra: ele teme perder a casa cuidada, a comida preparada.

As dificuldades se expandem quando tentamos intercomunicar os tópicos humanos e os divinos. Na verdade, tudo o que afirmamos como mensagens de Deus é transmitido com recursos desenvolvidos pelo homem. E transposto para várias línguas, em versões diversas, com as influências de cada tradutor.

Ouvimos, desde os bancos escolares, nos primeiros contatos com obras traduzidas, que o tradutor poderia ser um traidor. É inimaginável o que se pode ter de traições divinas nesse âmbito lingüístico! Nossos traços perversos, infelizmente, enquanto somos escravos do medo e portadores de deficiência amorosa, estão dando as cartas. Exemplos velhos e estilos novos vão mantendo e criando as traições, à medida que seguimos orando por um mundo melhor.

Um amor crescente e ativo, investigado e utilizado em todas as suas possibilidades, limitado apenas por sua natureza imperfeita, dentro da circunscrição humana, é missão exeqüível. O que venhamos a pretender além disso é tarefa divina. E quando anunciamos que foi feito por Deus aquilo que nós mesmos fizemos, trata-se de um deslocamento de mérito extremamente perverso.

Nossas operações perversas também se demonstram em realizações exclusivamente humanas – sabemos disso e lamentamos essa infelicidade.

Em um delicado e essencial âmbito da nossa vida, enfrentamos exorbitantes explorações: os planos de saúde. Deparamos com contradições insuportáveis: divulga-se cinicamente o conforto de uma assistência médica ampla e completa, bem produzida e sedutora. Na prática, oferece-se um cuidado muito restrito e emperrado burocraticamente. Se os espíritos satânicos existissem e pudessem exercer algum trabalho significativo, um resultado ruinoso bem marcante seria este: o mercado cruel dos planos que deveriam promover e garantir saúde. Eles funcionam realmente como obras do demônio.

De maneira generalizada, o funcionamento do mercado é uma oposição ao amor, conforme já nos mostrava Jesus Cristo em relação a Mamon, como vimos no cap. XXII. No entanto, as negociações entre pessoas de espírito amoroso são muito mais fáceis, compartilhadas e justas. Almas que conseguem amar melhor não exploram os protagonistas, seja quando vendem, compram ou trocam.

Negociadores com perfil de explorador atuam realmente como vampiros, chupando o sangue dos outros, sempre tirando vantagens, colhendo lucros.

Infelizmente, as almas amorosas são absoluta minoria.

XXVII
TERNOS E ETERNOS

A convenção romântica, melhor diria, o exagero dela, manifesta que o amor é para sempre. O elo amoroso acompanharia os pares até a morte. Para alguns simpatizantes da doutrina espírita, como a assistente social e terapeuta Márcia Teresa A. Lacreta, a ligação continuaria pelas reencarnações, em número imprevisível.

O tempo pode ser cogitado de modo abstrato, como teólogos e românticos apontam o *kairós*. Seria diferente do *cronos*, o concreto, que se conta com a passagem dos minutos. Como tempo subjetivo, *kairós* pode ser contado pelas batidas do coração, como Rubem Alves realça. Quando pensamos nessa contagem sentimental, ficamos fascinados com o toque poético da inspiração. Acompanhando o amor, marcando o ritmo afetivo, *kairós* é encantador. Porém, quando é associado à eternidade, como se fosse "o tempo de Deus", caímos em nova traição divina. É uma outra abstração comprometida com as distorções doutrinárias.

O ser humano que ama compromete-se com a realidade, com o respeito ao amado, estabelece um vínculo muito significativo, com flexibilidade necessária e democrática, conforme as personalidades envolvidas e, principalmente, de acordo com as perspectivas de cada gênero.

As mulheres têm a característica de envolver-se mais profundamente em um único relacionamento. Parece que fazem isso com espontaneidade, pela força espiritual do gênero, tendendo à monogamia. Os homens, mais volúveis, com inclinação para a poligamia, não se estabilizando nem se aprofundando em um único vínculo, seriam estimulados pelo alento instintivo corporal.

Helen Fisher faz um levantamento antropológico e uma discussão neuroendócrina dessas diferenças sexuais, mostrando hipóteses diversas, despertando polêmicas e reações sexistas. Alguns pesquisadores da Antropologia explicam a conduta masculina e a feminina como necessárias à perpetuação da espécie. As ordens genéticas impelem os homens a semear o maior número possível de fêmeas, e as mulheres a selecionar os melhores machos e segurá-los ao lado da prole, até que não mais necessite de proteção.

Os comandos genéticos são reforçados pelas influências dos memes, de modo que o conjunto natural somado ao contexto cultural define as ações que beneficiam a espécie, ainda que a discórdia retumbe em núcleos de ideologias alternativas.

A intenção romântica e o impulso do desejo compõem um binômio complexo, uma equação quase insolúvel. As operações confundem-se: o corpo e a alma são fatores muito variáveis. Afeto e sexo somam-se ou se subtraem de forma imprevisível. Ternura e pulsão multiplicam-se ou se dividem, também aleatoriamente.

Em vivências de (in)fidelidade, os pares tentam definir a essência do comportamento amoroso. Uns acreditam que a verdadeira conduta fiel é sexual, outros que é afetiva. Os primeiros exigem que o corpo do par seja exclusivamente seu, os segundos, o coração. Não raramente, entram em profundas contradições, cobrando, na prática, exclusividade afetiva em vez da decantada fidelidade corporal, e vice-versa.

As pressões feministas revisaram os valores reprimidos da mulher – isso era realmente necessário – mas abusam das posições radicais. As reservas machistas insistem fanaticamente nos padrões conservadores e na bitola do poder fálico.

amores humanos, traições divinas

Falta amor em todos os lados.

A necessidade de cada envolvido de marcar o próprio valor nas relações amorosas concorre muito com a chance de amar. O gênero sexual repetido nos triângulos mobiliza a homorrivalidade. Cada concorrente quer reafirmar sua significância, embora ambos digam amar a mesma pessoa. Por seu turno, esta reafirma o ego com o interesse dos dois.

Em crises conjugais motivadas por ciúmes, nas dúvidas sobre a fidelidade do namorado, já ouvi muitas vezes do suposto traído: "...quem você pensa que é, para fazer isso comigo?... E essa besta com quem está se encontrando vai ter que tirar a bunda da janela...". A reação é toda narcisista, voltada para a imagem do desconfiado, como se ali só interessasse a figura dele, cuja importância não deveria ser questionada. Mas o homorrival está presente e isso ativa a questão a ser ou não confirmada, de quem seria o melhor, o preferido. O amor permanece estreito, embotado pelos medos que nutrem as sensações desnecessariamente competitivas.

O par que ama tende a acompanhar e liberar o amado. A pessoa bem-amada é a que se sente livre e acompanhada. No exercício do amor, podemos exercitar três analogias possíveis de conexão: a praia, a ponte e o porto.

Na primeira, uma oportunidade curta, tal qual um passeio turístico de uma pessoa que não mora no litoral, "um caso que não sobe a serra", um vínculo estreito que será claramente exposto, sem enganações, não criando ilusões de namoro longo.

Na segunda, a relação é mais profunda, mais duradoura, porém o par não permanece estabilizado. Os envolvidos vão de um lugar a outro, "atravessam juntos a ponte", mas se afastam, depois.

Na terceira, temos a ligação tipo "porto", em que os pares vinculam-se mais profundamente e seguem um caminho comum.

Desde a ocasião do encontro breve até o mais longo possível, o par que ama dirá a verdade, combinará elogios e críticas, intercalará ajudas e pedidos, sem deveres prometidos, nenhuma devoção obrigatória. Prazeres e problemas serão compartilhados, dúvidas e certezas também.

Com alta inspiração sentimental motivando os relacionamentos, o par funcionará, essencialmente, como um grande aliado, esforçado administrador de conflitos e fulguroso amante. O amado poderá contar com ele, em uma única vez ou pelo resto da vida, fruindo da companhia que dialoga, colabora, apóia, solicita, aplaude, censura, enternece, erotiza e emancipa.

A exigência de fidelidade sexual-afetiva em vínculos amorosos é outra enorme traição divina. Recorremos à moral devido à escassez de amor. As seqüelas da condenação histórica da carne são enfadonhas, mas resistem e atrapalham o discernimento dos valores éticos e amorosos.

Apesar da fadiga espiritual que acompanha o moralismo nas últimas décadas, principalmente depois da revolução sexual do século XX, ainda se observa um medo enraizado, capaz de impregnar casais e parceiros eventuais. Como vimos no cap. VII, a emoção basal dos ciumentos, dos invejosos, inseguros e equivalentes enfraquece-os decisivamente nas relações amorosas, fazendo com que eles arvorem-se de pretensos direitos e autoridade moral, cobrando exclusividade sexual e afetiva.

O pecado carnal também é traição bem divinal, uma tradição inoportuna. Instintivo, natural, imprescindível para a preservação e o prazer, o sexo não pode ser conectado ao pecado. A não ser quando estiver atendendo à perversidade. O sexo só pode ser considerado pecaminoso quando serve ao poder. Infelizmente, ainda temos vários exemplos dessa ligação perversa.

amores humanos, traições divinas

Os assédios sexuais e os constrangimentos discricionários, em que o oportunismo do chefe, do profissional autônomo, do chantagista, do pedófilo e outros praticamente obriga a participação da vítima, são inconcebíveis atos de vileza, destacadas condutas de antiamor.

Nas vivências consensuais, entre maiores de idade, esclarecidos, informados, na medida em que os parceiros não se enganem e se acautelem, prevenindo-se dos riscos de saúde física e emocional, não há como o sexo ser apontado como pecado.

Na boa relação estreita, atualmente chamada de sexo casual, quase limitada ao entrosamento erótico breve, os parceiros portam os preservativos necessários, genital e afetivo. Isto é, vestem o pênis ou a vulva com uma boa camisinha e poupam o coração de mentiras, não se prometendo afeto longo quando não percebem potencial amoroso para isso.

Já fui muito perguntado sobre a idéia de camisinha para o coração. Talvez seja mais interessante pensar nisso como uma idealização para os pares que melhor amarão no futuro. E, desde já, iniciar as tentativas, conversar sobre essa perspectiva, ensaiando para essa evolução sentimental.

A importância do amor verdadeiro não está no tempo de convivência do casal. Parceiros de um único encontro, numa isolada relação sexual bem aproveitada, segura, sem falsas promessas, trocaram amor real pequeno, sincero, prazeroso. Mais vale uma esguichada sentimental genuína do que um reservatório de afeto cínico.

Evidentemente, não se descarta um prolongado e venturoso casamento como um dos modelos de amor autêntico. O maior problema é a conotação moralista de fundo religioso que pretende valorizar apenas o amor abençoado, aquele que se compromete com a liturgia ritualista. O afeto humano bom e sério independe de sacramentos. O caráter sagrado de um registro litúrgico não é fiança para o vínculo amoroso genuíno nem cura para o mau sentimento.

Alguns cônjuges que bem se amam tendem a interpretar o afeto como ilegítimo enquanto não recebem as bênçãos nupciais. Outros que se amam mal pensam que estarão amando melhor após as núpcias religiosas. Seguem as traições divinas desvirtuando os potenciais humanos do amor.

A noção e a aplicação do pecado municiam a moral e desacreditam a ética. A conduta norteada pela moral polariza-se para a impostura, mascara o cinismo e a mentira. A que contempla a ética emana do amor, supre o respeito e a verdade.

O Novo Santo

Uma revolução da Igreja Católica (a mais conhecida, com o principal líder religioso do Ocidente) em prol do amor resultaria em beatificar e canonizar um renovado padrão de santidade. Mesmo que preservasse alguma pompa, insistisse em certa base do ritualismo mesureiro, um Papa revolucionário valorizaria uma nova figura: o santo atual estaria muito longe da castidade, mas muito perto da amorosidade.

Umberto Eco, sem poder revelar o nome do amigo que expressou a idéia, conta que o autor, grande entusiasta do papa João XXIII, disse com intenção paradoxal evidente: "João XXIII deve ser ateu. Só quem não acredita em Deus pode querer tão bem a seus semelhantes!"...

O paradigma do santo de hoje seria construído pela ampla aplicação do amor humano, da equidade, da generosidade, amparado na mais resistente incorrupção, em atuações éticas, respeito-

amores humanos, traições divinas

sas, alta capacidade dialética, democrática e deliciosas parcerias eróticas, com muito prazer sexual e afetivo.

No Cântico dos Cânticos 8:6, podemos ler: "Põe-me como selo sobre o teu coração, como selo sobre o teu braço, porque o amor é forte como a morte...". Jesus Cristo percebia muito bem a dimensão extraordinária da morte, do medo, bem como a equivalência do amor.

Para enfrentar o temor da finitude, no entanto, com os recursos de que dispunha na época, Cristo recorreu ao amor de Deus – afinal reconhecia-se como filho-deus Dele. Nós, mesmo que sejamos também filhos de Deus, temos que aprender a amar uns aos outros, seres humanos, para encarar a morte humana.

O escritor búlgaro Elias Canetti empenhou a vida em um intenso ataque à morte. Ele costumava massacrá-la, como nestas linhas: "Enquanto houver morte, toda luz será fogo-fátuo, ... nada de belo será belo, nem nada de bom será bom". A morte angustia todos – a falta dela também –, como nos indica José Saramago no livro em que ela entra "em greve"...

Precisamos viver do modo que a vida verdadeiramente é para os humanos: morrendo! Estamos todos a caminho da morte. Podemos fazer isso amando bastante. Não bastará quanto e como, mas será muito melhor.

Entre as expressões dos jogadores de cartas, há uma que comumente se usa quando um eliminado fica dando palpite no jogo: "Pare com isso, você é carta fora do baralho". Os que permanecem identificam o desejo do "falecido": ele morreu, mas quer prosseguir jogando. É desse modo que queremos que a morte funcione – como um retorno à mesa. Aliás, talvez seja por isso que determinados jogos de baralho têm um maço de cartas chamado de "morto". É um bloco decisivo na brincadeira, pois quando colocado em ação, pode ressuscitar o jogador.

Seres humanos, morremos sem cartas nas mangas, não há jogo que nos salve, mas podemos desenvolver uma vida amorosa muito agradável, incluindo maravilhosas e criativas recreações.

Roger – Pol Droit faz uma reflexão que amplia e ratifica nossa mensagem:

> Tente manter essa idéia de que a humanidade não tem nenhuma razão de ser nem de continuar. Isso deveria deixá-lo calmo, pois contra esse fundo de falta de sentido e horror, o brilho de todos os sublimes se destaca como um Dom incomparável. As músicas perfeitas, a glória das basílicas, as lágrimas dos poemas, o riso dos amantes... Todos derivados do erro.

Quantas surpresas indizíveis.

Não seria muito bom morrer depois de viver amando cada vez mais e melhor?

XXVIII
PRAZERES E DEVERES

O prazer de amar pode ser suficiente para aceitar a morte. Amar implica entregar-se à vida, dar-se à sua própria e à do outro, mas não exige a entrega dele. Quando o amante diz: "meu coração é seu" oferece corpo e alma, tudo. Se o amado tomar posse de algo, seja da carne, seja do espírito, não consegue manter o nível de trocas, desequilibra as oblações. Ele teria que empatar as ofertas. Porém, acha que não é possessivo, começando a antinomia da fala e dos atos. Também passa a se contradizer quanto às referências da fidelidade – quer exclusividade sentimental e define a traição pelo sexo.

Fidelidade sexual é uma pretensão não amorosa, não tem a ver com amor; ao contrário, tem muito a ver com posse e tirania. Possuir e tiranizar o outro é uma prática motivada por medo, insegurança emocional, um descrédito na auto-estima que demanda o controle sobre o par. Aquele que se relaciona com hesitação sentimental recheia de anseios os buracos do ego, tentando resgatar seu valor pela nutrição da vaidade. Então, quer e exige exclusividade afetiva e sexual, em ação de domínio narcisista. A importância da relação define-se no poder controlador que ele consegue sobre o outro.

A lei aplicada ao relacionamento amoroso tende a avalizar esse controle, contemplando os conflitos.

Quando legalizada, a fidelidade passa a representar o direito de um sobre o outro. Um direito, no fundo, é "arrogância, usurpação e violência", conforme nos ilustra Nietzsche, em opinião polêmica e arrojada, mas endossada na íntegra pelos que tentam expandir o aproveitamento do amor. Pares que se amam dispensam a posse, não se protegem com garantias de fidelidade sexual e/ou sentimental.

As convenções morais, do mesmo modo que exigem roupas no corpo, erigem grades de isolamento sexual para as pessoas que vivem um relacionamento amoroso em sistema convencional. Esse modelo lembra os tempos medievais, com os famigerados cintos de castidade, e exige que namorados, casados, comprometidos em vínculos afetivos formais, mantenham-se sexualmente exclusivos: o desejo e a prática serão voltados somente para os companheiros.

A crença e a fidelidade nas religiões permeiam as mesmas contradições. A entrega a Deus é unilateral, tendenciosa. Os recados clericais são muitas vezes ameaçadores, ativando o medo, sugerindo punições e penitências para os que não amam o Senhor, acima de tudo e de todos.

Para combater eficazmente o medo, o amor humano será bem distribuído, necessariamente bilateral, sem direitos ou deveres, repleto de inspiração generosa, dispensando restrições de fidelidade. Se houver dedicação exclusiva de algum amante, e a devolução correspondente, isso será mais uma oferta de cooperação espontânea dos dois lados.

De modo similar, a possibilidade de interagir amorosamente com Deus viria espontaneamente, após a morte. Sem prévia definição, sem compromisso assumido durante o tempo de vida, para quando estivermos mortos. Estou grávido de um Deus que conceberei depois de morto, se meu espírito tiver essa chance de pari-Lo.

Minha amiga revisora é também poetiza. Apenas alguns familiares e amigos têm uma pálida noção de mais esse seu

amores humanos, traições divinas

talento. Ela não quer mesmo que eu revele sua identidade, mas não posso fugir de anunciar algumas das suas iniciais, pelo menos: M. G. Ao ler o meu texto rascunhado, deparou com a brincadeira que fiz criando o neologismo "gravideus". Então, com graciosa arduidade, edificou essa graça literária:

Gravideus

Deus grávido
de mundos e átomos;
o caos se funde
num átimo de segundo:
explodem super novas galáxias,
girando alucinadas
em órbitas plácidas;
explodem buracos negros
no inconsciente supremo
indagando insistentes:
– de onde viemos?
– para onde vamos?
Deus descansa, impávido,
das dores do parto,
por sete dias milenares.
As criaturas despencam,
famintas,
no breu de abismos seculares:
sorvem seios secos,
sentem medo,
crescem à revelia
e sem respostas razoáveis,
tecem rosários de teorias
que desfiam as finas vestes estelares

de batismo,
e mais despem
e deixam à mostra
a nudez e o desejo
da humanidade órfã.

Palavrinhas novas provocam manifestações remodeladas, o que me induz a seguir a linha poética e tentar:

Erotriste

Assim era:
Para que toda era
Fosse de Eros,
Problemas meros.

Prazeres d'alma,
Corpos em calma,
Paixão vem logo,
Amor tem fogo.

Pecado abrupto
Recalca em bruto
A ternura louvável,
O sexo lapidável.

Eva Ameaçada,
O feminino é nada.
Adão timorato,
O masculino é chato.

Carne sem liberdade,
Espírito em fraude,
Moral em riste,
Erotismo triste.

amores humanos, traições divinas

O amor humano em pleno desenvolvimento, percorrendo uma trajetória de poucos obstáculos, naturalmente conduziria o mundo a um estado equivalente ao do paraíso. Seria, no entanto, um paraíso terrestre, em evolução contínua, os habitantes vivendo em paz, harmonia, com muito prazer e gratificação e poucas frustrações.

Cada vez mais, a violência diminuiria de freqüência e de intensidade, os esportes seriam cada vez mais competitivos e sublimes, a longevidade aumentaria progressivamente, favorecendo o entrosamento e a saúde de todas as pessoas, aproximando casais, vinculando familiares,

As igrejas seriam museus de História Religiosa, em cujas naves sempre ecoariam adoráveis cânticos. Coros afinados harmonizariam o cenário, entorpecendo os visitantes.

A saúde da população estaria cada vez melhor, o controle das doenças apuradíssimo, as prevenções mais ainda, as vidas muito longas, com poucas intercorrências, cheias de valores e produtos de alta qualidade. Nesse panorama, as mortes seriam cada vez mais adiadas e toleradas.

Com esse horizonte de alta fruição e poucas expectativas, todos predominantemente satisfeitos, reconhecidamente mortais e empenhados na evolução aprimorada do amor humano, poderíamos desistir da traição divina principal.

De nada valeria nos caracterizar como imortais, aguardar pelo Céu e pelo amor divino. Trabalharíamos vigorosamente pelo aprimoramento do éden humano, pela globalização do amor, vivendo cada dia melhor e morrendo cada vez mais tarde.

Deus, no modelo convencional e antropomorfizado, não mais seria invocado, respeitado. Estaríamos livres dessa traição maior, criada divinamente por nós mesmos.

Deus, uma essência, um princípio, uma energia, algo de outra dimensão, que não construímos à nossa imagem e semelhança. Isto pode ser uma entidade com quem não podemos negociar, a quem não temos o que pedir, que não sabemos se espera a nossa adoração. Se é nosso criador, se é capaz de amar nas suas referências, e nelas inclui a possibilidade de ter amor por suas criaturas, seremos mortalmente gratos...

Ironia à parte, temer ou amar a Deus em padrões nivelados caem no mesmo buraco negro (branco): não há traição maior do que essa: ela corresponde a um verdadeiro pecado imortal.

XXIX
ALEGRIA E AGONIA

Pascal Bruckner observa: "A depressão é o mal de uma sociedade que decidiu ser feliz a qualquer preço", o que nos ajuda a admitir que a felicidade é muito difícil. Se a deslocarmos para o além, para um tempo posterior à morte, pior: ela se revelará impossível. Temos que desenvolvê-la desde já, progressivamente, passo a passo, sabendo que cada um morrerá nessa tentativa, e os próximos a continuarão.

Há falta de fé no próprio homem, um desamor com a espécie, o que provoca uma falha de manutenção rotineira em nossas vidas. Esse descuido cabal desvia o coração afetivo dos vínculos humanos, sustentando um dos mais importantes pilares da ardilosa traição divina que enaltece a falácia do amor de Deus.

O enaltecimento do amor divino costuma argumentar a favor da humildade, à medida que ratificamos a modéstia de acreditar em Deus, em Seu amor, como se nos limitássemos à condição de criaturas, meros devedores, calouros sentimentais que jamais se aproximarão do afeto diferenciado, completo e veterano de Deus.

Essa argumentação de grande efeito retórico é categoricamente traiçoeira, pois sob a roupagem de fiel modesto, o crente esconde a extraordinária pretensão de confirmar a sua eternidade espiritual. E ainda esnoba saber definir o amor de Deus.

A rigor, anunciando-se como aprendiz do amor de Deus, com quem irá prosseguir o aprendizado após a morte, o crente está dispensando-se de amar durante a vida. Pode ir levando um amor pequeno, acomodado em uma modéstia conveniente, já que seu afeto é incomparável à grandeza do divino.

Ao mesmo tempo, a crença garante a imortalidade. O sujeito imortal deveria admitir que faz um jogo maléfico com essas conveniências: na hora de amar os humanos, não se sente preparado para o exercício; ao tempo de assegurar sua divindade barata, está pronto para ser um exemplo de amor a Deus.

Aquele que se considera espiritualmente infinito, que entende ocupar um corpo na ordem temporal, mesmo se achando corporalmente mortal, apropria-se da imortalidade. Ele não se furta dessa propriedade, desse estado de imortal, dessa qualidade divina da infinitude. Por isso, sendo um deus como espírito eterno, não poderia fugir de sua responsabilidade amorosa agora, nos papéis de humano. E já teria que ser um exemplo divino de amor...

Quem se interpreta não perecível, mesmo que não esteja se comparando a todas as qualidades de Deus, na fração essencial da imortalidade, há de reconhecer que, ao menos nesse fragmento, ele é igual a Deus. Como alma imortal, seja em escala ampla, estreita ou fractal, o sujeito é Deus, está divino para sempre!

Este exemplo espetacular de presunção, com toda a imodéstia que essa construção representa, não pode ser ignorado. Os crentes habituaram-se a dizer o contrário: os descrentes são os imodestos, pois não crêem em Deus, não têm a humildade de agradecer ao Criador pela própria vida. Comparado ao ser humano que se reconhece finito, corpo e alma modestamente mortais, o crente que tem fé na própria imortalidade é de uma onipotência exasperante.

Há uma combinação maquiavélica entre ingenuidade e arrogância na personalidade do teísta. A mistura parece homogênea, como a que se observa com água e sal. Antes de se colocar na

amores humanos, traições divinas

boca, não se sabe que é um líquido salgado. Acreditando-se salvo, com alma imortal, pela sua fé em Deus, o crente nomeia-se uma divindade e declara-se um humilde servo do Senhor.

Michel Onfray, filósofo francês de inspiração anarquista e hedonista, realiza um grande trabalho didático sobre a conscientização de religiões e crenças. O seu trecho, a seguir, está no original, não havia tradução publicada no Brasil quando eu escrevia essas linhas. Em francês:

> Car Dieu n'est ni mort ni mourant – contrairement à ce que pensent Nietzsche et Heine. Ni mort ni mourant parce que non mortel. Une fiction ne meurt pas, une illusion ne trépasse jamais, un conte pour enfant ne se réfute pas.[*]

As crenças não passariam de fábulas, histórias que nos tornam verdadeiras crianças, impressionadas pelo encantamento da imortalidade e o deslumbramento do Paraíso.

O consenso místico e a neurociência poderiam ser mais entrosados no combate às traições divinas. O conhecimento neurocientífico atual não avaliza a chance de existir consciência fora do corpo. Ciência e misticismo estariam se encontrando dentro das pessoas, abrindo caminho para que elas melhor se compreendam internamente.

Dentro de cada um e do próximo estão a sabedoria e a esperança, o medo e o amor, a vida e a morte. Precisamos aproveitar isso em cada indivíduo e em suas relações.

---

[*] Com a ajuda de Miriam L. B. Motta, minha irmã que viveu na França, teríamos: "Pois Deus não está morto nem perecível – ao contrário de que pensam Nietzsche e Heine. Nem morto nem perecível porque não é mortal. Uma ficção não morre, uma ilusão não falece nunca, um conto infantil não se desmente".

O crente que está investindo amor honesto e legítimo fora de si, em Deus, ainda que envolvido com uma religião ou religiosos de caráter duvidoso, pode ser pensado como adequadamente humilde. Ele não concentra seus melhores sentimentos no plano Divino, consegue armazenar e repartir com seus pares.

O valor anímico do amor independe da crença e pode ser perfeitamente aplicado nela. Nem caberia uma restrição às escolhas do objeto amado. Como vimos no cap. XXII, os espíritos mais virtuosos amam mais e melhor. Eles exercem o amor em sua essência exímia, o que naturalmente implica toda a liberdade de opções.

Quando assumem uma crença, essas almas afetivamente diferenciadas conseguem trocar sentimento no plano humano e dedicar amor a Deus. O afeto pelo divino não as atrapalha, não concorre com a interação humana. Elas nem precisam dos apelos à moral, como acontece com a grande maioria dos seres humanos, lamentavelmente.

As pessoas que melhor exercem o amor e professam uma fé religiosa consentem que, se não mais acreditassem em Deus, iriam continuar amando do mesmo modo. Não é a crença no divino que alimenta os atributos espirituais.

O respaldo afetivo desses espíritos vigorosos é uma virtude espontânea, sem requerer a legitimação formal nas igrejas nem nos cartórios. Eles dispensam registros oficiais. Sem documentos ou cerimônias, fariam seus vínculos sentimentais da mesma forma, amariam com a mesma intensidade e qualidade.

Por outro lado, os espíritos que dispõem de uma virtude menor não conseguem amar no mesmo padrão. Perdem-se na idealização do amor divino, praticamente esgotam os potenciais afetivos com a devoção e o temor a Deus, não lhes restando expedientes de bons sentimentos nas ligações com os semelhantes.

amores humanos, traições divinas

Para viabilizar as conexões com os pares, a escassez de amor exige os recursos da moral. Eles precisam do amor divino e/ou do conjunto de regras e preceitos que regem a sociedade onde vivem.

Seguir a ordem moral e/ou amar a Deus incita esses espíritos sentimentalmente mais pobres a formalismos e cerimoniais. Com isso, terão necessidade de um abono dos seus amores, procurando rituais que lhes dêem a impressão de garantia sentimental. Bênçãos, juras, sacramentos serão solicitados no plano das religiões; contratos, editais, padrinhos, no campo civil.

Um pensamento de Montaigne parece revelar a limitação dos espíritos que não aprenderam a amar: "Respondo comumente aos que me perguntam a razão de minhas viagens: sei do que estou fugindo, não sei o que estou procurando".

Amor e Prestígio

Somos seres imperfeitos, inexoravelmente falhos e carentes. A carência essencial está resumida na pequena intensidade e na falta do amor. Quem se caracteriza como pouco e/ou malamado tende a considerar-se inferiorizado, com um volume acentuado de carências e mais freqüente em falhas. Cresce a imperfeição. Mesmo se reconhecendo um ser humano, o indivíduo inclina-se a uma auto-imagem diminuída, como se fosse pior do que os outros.

Sabemos que filhos abandonados, crianças maltratadas, mulheres agredidas, vítimas de racismo e outros, sofrem, em primeiro lugar, por não se sentirem amados, legítimos, viáveis.

O amor valida genuinamente a pessoa, ajusta seu ego, determina a sua auto-estima. Essa validação, porém, envolve uma aplicação e uma qualidade úteis e suficientes. Se não funcionar assim, começa um incentivo pernicioso, a demanda da vaidade.

As medidas que pudessem marcar um nível ótimo de amor são praticamente inviáveis. Os horizontes subjetivos não admitem quantificações concretas. Arriscaríamos dizer que amor nunca cai no excesso, mas sua falta é trágica. Os excedentes correriam por conta de erros afetivos: quem ama pouco e/ou mal tenta compensar com estímulos do narcisismo e da vaidade.

Os tempos atuais, apontados como a sociedade do consumo, o mundo ultracompetitivo e a cultura do espetáculo, tendem a respeitar as pessoas de maior capacidade aquisitiva e que conseguem destaque nos meios de comunicação. Em resumo, as que "aparecem" mais.

Embrenhados no cenário, os indivíduos tentam marcar seus valores por esses referenciais, lutando por posições consideradas de prestígio social. Na prática, estar prestigiado implica ser muito bem atendido em uma loja de grife no melhor centro comercial, freqüentar restaurantes com serviços de *valet*, adquirir os produtos de última geração, exibir roupas, carros etc.

Um dos mais contraditórios e instigantes aspectos da conduta dos prestigiáveis é acompanhar a moda e não se massificar: a pessoa tem que ser apontada como incluída no contexto e estar diferenciada, simultaneamente! Parece um lance de mágica, há que ser igual e diferente, notada por estar em dia com o que o coletivo exige e ser única e exclusiva, ao mesmo tempo... Antinomias e contrastes são tópicos típicos do cenário consumista e da competição predatória, bem como correspondem às inversões de valores sentimentais e éticos.

Reciclando e evoluindo amorosamente, os homens podem dispensar os apelos narcisistas desse prestígio individualista insuflado de vaidade. Amor maior em qualidade e quantidade preenche os vazios existenciais internos, de forma que as pessoas não se moti-

amores humanos, traições divinas

vam a aparecer como candidatos a celebridades, consumistas impensados, vencedores triunfantes.

Exercer e receber amor é arte para poucos espíritos, infelizmente. Apenas uma minoria consegue manter as trocas afetivas em consonância com os objetivos de todos os envolvidos sem cair nos extremos narcisistas ou nos desmandos da exclusão.

A boa alma amorosa desempenha suas funções sentimentais com serenidade, especialmente porque, antes de ansiar pelo amor do outro, ela ama, não se preocupa em obter provas do amor e nem colocar o seu próprio amor à prova. Os níveis de desconfiança, ciúmes e inveja são desprezíveis. E ela ainda é capaz de não se sentir especialmente diferenciada, nem abençoada, por essa admirável capacidade sentimental.

Os que não conseguem o bom padrão afetivo (a maioria, infelizmente) torturam-se com a necessidade de prestígio, isto é, buscam preencher suas inseguranças e expectativas com reforços da vaidade, tendendo a formalizar exigências, cobrar direitos, exercer a posse sobre os parceiros e companheiros.

Conseguir um eco narcisista ainda piora a situação, pois o indivíduo tenderá a solicitá-lo repetidamente. A lacuna essencial prossegue, a impressão de pouco e/ou mal amado persistirá dentro dele. Cada massagem de ego em prol da vaidade exigirá outra, sem preenchimento afetivo autêntico. É muito fácil confundir atitudes amorosas com massagens para o ego vaidoso. Os espíritos habilitados para o amor não entram na confusão, os outros se enroscam na própria perplexidade.

O amor exige um aprendizado complexo e constante.

Entre o conceito de bem-amado e o de celebrizado, temos pouco discernimento. Inclusive, temos oferecido a Deus um amor deturpado, uma outra traição humana que dedicamos a Ele.

197

No âmbito da Igreja Católica, a riqueza dos museus do Vaticano, os detalhes das roupas do Papa assinadas por estilistas caríssimos, a opulência dos ritos e todo o protocolo suntuoso incomodam os próprios fiéis.

A magnificência, mesmo que seja todo um cuidado especial e simbólico com a figura de Deus Todo-Poderoso, não com a elite cardinalícia, é uma estupidez, pois quaisquer poderes humanos nunca refletiriam a supremacia divina. O homem não sabe amar a si mesmo, quanto mais o divino.

O homem celebra o que não ama.

Podemos amar e providenciar um cerimonial pomposo, uma festa bem-humorada e agradável, uma comemoração requintada e caprichada, homenageando o amado.

O cuidado com a saúde, algum esforço para a melhoria estética, participação em atividades de competição sublimada, manutenção atualizada de equipamentos e outras iniciativas em voga seriam também uma composição de atitudes mirando a boa preservação do amado, mesmo com algum detalhe sofisticado.

Amar é a virtude primeira, indispensável para todos, da concepção à morte. O homem de prestígio também pode ser amado, bem como exercer o amor. Porém, os anseios vaidosos podem misturar as tendências, forçando o destaque e estreitando as interações afetivas.

Sexo e Prestígio

No enredo erótico, vejamos essa ditadura social: uma pessoa heterossexual pode medir o número de parcerias de que é capaz, comparando-se a um congênere, permanecendo em um limite homorrival ao invés de fruir de um convite erótico com alguém do outro gênero. O exemplo ilustra: uma moça, preocupada em mostrar-se competente na sedução, diante das homorrivais, permanece na choperia perfilando os homens presentes e não vai encontrar-se com aquele parceiro sexualmente ótimo que a está chamando no celular.

O amor sexual mais aproveitável implica o máximo de intimidade e intercâmbio possível. Isto é, entrar profundamente na erotização que o momento provoca, sair de si, abrir-se amplamente, liberar totalmente a alfândega que cada um cria em suas fronteiras. Com as defesas relaxadas, mergulhar na abertura do outro, ir a ele, esquecer-se de si mesmo. Esse procedimento seria muito difícil para o vaidoso, pois ele não tem o pendão de aprofundar-se no outro: o parceiro seria mais um admirador do que um compartilhante.

Um comentário da cantora Madonna sugere um paradoxo instigante. Considerada um estrondoso sucesso, bela e rica, expressou: "Nós, americanos, somos obcecados por valores errados, como ser bonito, ter dinheiro no banco, ser bem-sucedido."... Na cultura ocidental, americanos, europeus, africanos, latinos, todos estamos influenciados por esses "valores errados".

O filósofo alemão T. Adorno preocupa-se: "Se não fosse pelo meu temor em ser interpretado equivocadamente como sentimental, eu diria que, para haver formação cultural, se requer amor". Ranços e preconceitos sobre o amor forçam a associá-lo à noção de fraqueza. A contaminação sexista que nos acomete há séculos imprime-lhe um sentimentalismo feminino, submissão emocional de crianças. Necessitamos dirimir essas impressões e criar as verdadeiras conexões virtuosas do amor.

As imposições machistas estão perdendo grande parte da sua importância, ultimamente. Hoje, um homem é capaz de exercer papéis e funções, antes consideradas exclusivamente femininas, com naturalidade. À medida que reconhecemos que as mulheres são espíritos mais preparados para o amor, devemos aspirar que todos, independentemente do gênero, sejamos mais sentimentais.

Expandir o seu setor feminino da potencialidade amorosa é fundamental para qualquer pessoa e envolve um grande mérito, uma honra espiritual incomensurável.

Necessitamos de fé, fé no amor humano, uma crença inabalável em nossa capacidade de amar.

As três grandes religiões monoteístas precisariam de permanente diálogo amoroso para facilitar esse caminho. Aliás, já no século XIII, Raimundo Lúlio, o "Doutor Iluminadíssimo", sugeria, por uma cruzada intelectual, a unificação religiosa do mundo.

Em janeiro de 2006, o papa Bento XVI publica sua primeira encíclica, que enfatiza o amor. Foi um começo interessante, pressupondo um destaque, um foco primordial em nosso mais nobre sentimento. O pontífice destaca no texto que o amor se converteu em uma das palavras mais usadas e também uma das de que mais se abusa. "Fala-se de amor pela pátria, pelos pais, pelo trabalho, por Deus, mas entre todos eles o amor por excelência é entre um homem e uma mulher, no qual intervêm inseparadamente o corpo e a alma", escreveu. Ainda que refira-se ao amor divino como "elemento importante: este Deus ama o homem", a referência ao amor corporal e espiritual parece representar um passo importante, como também foi essa iniciativa de dedicar sua primeira encíclica a reflexões amorosas.

Vamos tentar mais um exercício sobre as searas do amor.

CATEGORIAS DE AMOR

André Comte-Sponville ensina que há três gradações de amor. Condensando esse ensinamento e algumas sugestões em uma breve sinopse, teríamos três campos de amor:

1 - O primeiro é o *eros*: alegria da paixão a dois.

Envolve os pares sexuais e/ou afetivos, onde impera o desejo, a libido, e a carência estressa (no sentido ruim, atormenta; no bom, desacomoda).

2 - O segundo é o *philia*: alegria compartilhada.

Abrange a família, as microssociedades, onde prevalecem o regozijo, a partilha, a amizade, e a competição acirra (no bom sentido, desafia; no ruim, só interessa ganhar).

3 - O terceiro é o *agape*: alegria dada e perdida.

Compreende a macrossociedade, onde predominam a caridade, o altruísmo, e o egoísmo permeia (alterna os pêndulos das ofertas e das perdas).

Podemos estender essas áreas amorosas para todo e qualquer escopo de interação entre duas ou muitas pessoas. E ainda frisar que cada uma delas teria que começar com um razoável auto-amor, não impregnado pelos exageros e exigências do amor-próprio inflacionado de orgulho.

C. R. Brandão, com delicada ironia, discorre sobre a sabedoria dos seres humanos e os conhecimentos amorosos, lembrando que poderíamos identificá-los como "Estudos Atrasados", algo correspondente a um "irmão próximo" dos orgulhosos "Institutos de Estudos Avançados"...

O auto-amor suficiente para a pessoa viabilizar-se para amar nos três campos oferecidos seria uma avaliação simples. Ela teria basicamente que se reconhecer, em primeiro lugar, como fonte da afeição. A tendência da maioria é ao contrário: ansiar pelo amor, colocar-se como foco afetivo.

O amor divino das religiões atende imediatamente essa expectativa. Logo, o crente é objeto do amor de Deus e, depois, deverá retribuir como sujeito de uma forte gratidão, além de reverenciá-Lo acima de todas as coisas.

O amor humano desenvolve-se bem melhor quanto mais a pessoa for sujeito do afeto e menos objeto. Prevalentemente, ela ama; depois, é amada.

Nossas boas atividades, de ordem artística, científica e outras, que evoluem para bons resultados, são habitualmente, no mundo neblinado pela religião, atribuídas a um "toque de Deus". Esse paradigma contém a sugestão da humildade grata, do reconhecimento da bênção do Senhor. Não podemos prosseguir com ele, pois compromete a inspiração genuína do caráter humano. Um sucesso divino, um mínimo roçar de Deus, tornaria o ato completo; o humano é incompleto.

Principalmente, nas ações amorosas, temos que admitir e reafirmar o toque humano, imperfeito e aperfeiçoável.

Fernando Pessoa, em trabalho feito originalmente em inglês, escreveu:

(...)
"Essa imagem de nosso amor há-de unir os tempos.

Assomará branca do passado para ser

Eterna como um triunfo romano;

O futuro porá angústia em todos os corações

Por não terem sido contemporâneos do nosso amor".

(...)

amores humanos, traições divinas

O referencial de eternidade de que o autor dispõe ajuda-nos a pensar na queda de todos os impérios, mesmo os maiores e mais longos. Não há possibilidades eternas.

Em todo caso, o nosso futuro pode ser mesmo muito angustiante se não conseguirmos trocar um amor significativo e duradouro.

O império atual é o norte-americano. Não sabemos quanto irá durar, nem se algum outro o substituirá. Esperamos não depender de novos imperialistas. Por enquanto, vamos construindo o amor globalizado.

O bom-humor colabora muito com essa construção. Chris Rock, ator e comediante dos EUA, costuma satirizar a sociedade do seu país, dizendo que os americanos, em primeiro lugar, idolatram o dinheiro. Por isso, os bancos fecham aos domingos, para que as igrejas não fiquem vazias!

XXX
MAGIA E DIA-A-DIA

O bancário e ex-empresário José Antonio Golfetto, que viveu alguns anos na Alemanha, lá pôde sentir a força do nome de Goethe, autor universalmente aplaudido e que conseguiu reunir o binômio maior do êxito: "sucesso de crítica e de público". Com apenas 25 anos, através dos padecimentos sentimentais de sua personagem Werther, Goethe registrou: "Sou tão feliz, meu amigo, e de tal modo tão mergulhado no tranqüilo sentimento da minha própria existência, que esqueci a minha arte. Neste momento, ser-me-ia impossível desenhar a coisa mais simples, e, no entanto, nunca fui tão grande pintor".

Amor que promove sofrimento é ranço cultural, vindo dos apelos mais românticos dos séculos XVIII e XIX. Devemos dedicar nossas referências sentimentais para a construção do bem-estar e a fruição da alegria. Sofrer por amor, apaixonar-se à distância, de modo unilateral ou platônico, enfiar-se em um cômodo tísico e passar um pequeno tempo suicida tecendo poemas para o objeto amado, não dá mais para ser avalizado. O vigor do romantismo a serviço do amor não cabe nessas dimensões.

A paixão tem um referencial de loucura, uma conotação mágica, porém pode transportar um manancial de perversão. Por vezes, as paixões são tóxicas e criminosas. A cultura ainda resguarda algum valor sobre o conceito de "crime passional", que funciona como atenuante de ato homicida. É impensável um ato criminoso manter-se articulado com amor, e este nunca serviria como atenuante.

Romances patogênicos, paixões intoxicantes, homicídios passionais, afeições castradas, adorações unilaterais... Nós, homens, ao lado das traições divinas que temos sustentado por todos os séculos e séculos (essa expressão é um trecho de oração católica, lembram-se?), estamos também traídos por muitas armações conceituais do amor, dentro dos limites mais "humanos" que conhecemos.

Entretanto, a evolução amorosa que efetivamente combatesse todo o contingente traiçoeiro que construímos sobre o amor tem que começar por um caminho. Nossa escolha focaliza as traições "divinas".

O poeta redireciona o foco. Mário Quintana, com o trecho "Da Inquieta Esperança", acirra os questionamentos:

Bem sabes, Senhor, que o bem melhor é aquele
Que não passa, talvez, de um desejo ilusório
Nunca me dê o Céu...quero é sonhar com ele
Na inquietação feliz do Purgatório.

A boa crença é para o tempo da morte, não durante a vida. Morreremos humanos, simples mortais, sem fé em nenhuma salvação. Uma vez falecidos, se houver consciência para tanto, descobriremos nossa divindade.

As divindades são adequadas para o morto, só ele pode aproveitá-las. Não cabem no mundo dos vivos, no ambiente da vida. Mitos, lendas e fantasias sobrenaturais preenchem o falecimento. Lá eles fazem e desfazem. Deuses, semideuses, híbridos, demônios, anjos, fadas, bruxas, fantasmas e equivalentes aqui não têm lugar. Só se viabilizam no além. O sobrenatural é o habitat da morte. Como não envolve vida, não precisa de amor.

amores humanos, traições divinas

Amar em Vida

Amar é essencialmente fenômeno de vivos. Nós, humanos, necessitamos muito de amor, mas temos atendido pouco a essa demanda. Chegamos a inventar um deus que seria o exemplo perfeito de afeto. Fernando Pessoa, como alguém inconformado com os limites humanos precisa encontrar alguma coisa além do tempo mortal:

Não haverá
Além da morte e da imortalidade,
Qualquer coisa maior? Ah, deve haver
Além da vida e da morte, ser, não ser,
Um inominável supertranscendente,
Eterno incógnito e incognoscível!
Deus?

Essa incógnita ajuda-nos a estender os horizontes para a posteridade mortal: só poderemos esclarecer a dúvida depois de falecidos!

Uma reflexão atribuída a Homero, cuja existência (qualquer uma é passível de revisão) é posta em discussão (seria o maior poeta grego da Antiguidade? Cego? Teria sido autor de *Ilíada* e *Odisséia*?), remete-nos a uma questão interessante: "É difícil lidar com os deuses quando eles são vistos em toda sua glória".

Penso que fizemos com o Deus da cristandade uma tentativa de minimizá-Lo. Menos glorificado, Ele estaria mais acessível, solicitável, conforme interessa aos não-divinos, tanto os que manipulam o acesso a Deus quanto os que O convocam com a mais pura boa-fé. Se predominassem os últimos, as traições divinas não seriam tão perniciosas. O amor poderia prevalecer, apesar do amor a Deus. Mas, lamentavelmente, o comércio espiritual nocivo está globalizado, seja qual for o modelo de religião que o guie.

Robert B. Cialdini expressa: "A civilização avança por estender o número de operações que nós podemos executar sem pensar nelas". Essa possibilidade seria interessante se estivesse articulada apenas ao amor. Infelizmente, sustenta o famigerado mercado e suas leis.

Amar é sentir, pensar e atuar em benefício do amado. O efeito inevitável é bilateralmente vantajoso: sujeito e objeto afetivamente envolvidos, a fonte e o foco do amor estão agraciados. O espírito que ama satisfaz-se por ter promovido o outro, e este se legitima. A fonte amorosa não espera necessariamente que o foco lhe seja grato. Caso receba a gratidão, isso não estraga o vínculo. O amor adjetivado de incondicional pode conter algumas armadilhas religiosas.

Votos de Amor

Na tradição católica, há muitas biografias de santos que foram enaltecidos em seus exemplos de renúncia e abnegação. Para quem segue a vocação religiosa, há compromissos como os votos de pobreza, castidade e obediência. Nessa composição, muitas vezes o religioso está atendendo a suas obrigações, não teria ele muito mérito ou grandeza de alma por oferecer afeição sem pedir gratidão.

O apregoado modelo de amor de Deus traz a pecha de incondicional. Caracteriza-se nítida contradição nessa idéia tradicional, quando observamos outra convenção cristã: a criatura deve ser muito grata ao Criador!

amores humanos, traições divinas

Não podemos amar incondicionalmente, mas, dentro dos horizontes humanos, um amor forte e bom funcionará em moldes muito próximos ao ideal.

O filósofo francês Émile Chartier, mais conhecido por Alain, abrevia: "amar é encontrar sua riqueza fora de si". Seu colega e conterrâneo André Comte-Sponville estende: "É por isso que o amor é pobre, sempre, e a única riqueza". O amor consegue a adesão irrestrita da pobreza e da riqueza. O amor é o Deus e é o homem.

Não duvidamos da existência de Deus, nem O negamos. Questionamos as propriedades "super-humanóides" do Criador e as "subdivinóides" da criatura. O problema está nessa relação, no entremeio que aproxima o humano e o divino, neste vínculo tão ansiado pelos homens e de importância indefinida para Deus (haveria algo humano importante aos "olhos" Dele?).

A única coisa realmente idealizável para nós, seres humanos, é Deus. Devemos idealizá-Lo muito, cada vez mais, afastando-O desse limbo comunicativo entre criatura e Criador.

No tempo das telecomunicações, assumamos que não há antena, transmissor, receptor, nada pode fazer este elo entre o divino e o humano. A única chance é entrar no circuito dos mortos para checar uma nova maneira de intercâmbio espiritual. De um lado, Deus cada vez mais idealizado, inacessível para o homem vivo. De outro, este ser humano limitado, temporal, que deve se perguntar sobre suas pretensões.

Cada vez mais longe de Deus, menos "divinóide", duvidoso de ser portador de alma imortal, é provável que o homem não mais venere o amor Divino, muito menos ore por Suas bênçãos, nem por elas se julgue iluminado. Muito longe de Deus e de sua pretensa faixa divinal (esquematizada a seguir), o homem pode começar todo um ensaio teórico e prático de exercitar o amor, de se amar cada vez mais e melhor, aprimorando a vida e postergando a morte.

FACULDADES DIVINAS

Onisciência
Onipotência
Ubiqüidade (Onipresença)
Eternidade

Deus é um *Ser Sempiterno* (sempre eterno: no passado, no presente e no futuro) Um *Ser Eterno* é apenas **Imortal para adiante**

FACULDADES HUMANAS

Corpo Mortal
Alma (I)mortal
Para os crentes:

Imortal para adiante

Portanto, nos destaques enquadrados, para os que têm fé no espírito imortal, vemos que **Deus é igual ao homem**.

No prólogo de *Assim falou Zaratustra*, Nietzsche descreve que o personagem desce das montanhas e entra nas florestas, onde encontra um velho santo que o reconhece. O monge lhe diz que Zaratustra está mudado, que se tornou uma criança, que despertou, e pergunta: que pretendes, agora, entre os que dormem? Zaratustra responde: "Amo os homens". O santo retruca: "...eu me recolhi à floresta e ao ermo? Não foi porque amei demais os homens? Agora, amo Deus, não amo os homens. Coisa por demais imperfeita é, para mim, o ser humano. O amor aos homens me mataria."

amores humanos, traições divinas

Os amores humanos são imperfeitos, mas são os amores possíveis. Eles nos habilitam a reconhecer os sonhos, distinguindo as belezas oníricas ilusórias das possibilidades reais. As ilusões têm nos conduzido aos verdadeiros pesadelos da realidade, ao passo que as viabilidades alcançam as nossas melhores realizações.

Meu epílogo enseja o melhor despertar, implica a consciência de que devemos ter fé em nós mesmos, sem salvação eterna, com muita disposição temporal. Desde que aprendamos, desenvolvamos e fruamos as venturas do amor humano.

Seres humanos que amam pouco e mal, cientes de que é essencial melhorar e evoluir muito: essa é a nossa posição no remate desse trabalho.

Não evoluiremos para o amor divino, perfeito e garantido, plenamente confiável, aquele do jargão comentado no cap. XIII ("Deus é fiel"). Essa fidelidade divinal é usada de modo capcioso e patogênico. Realmente, ela nos engana e nos adoece.

Progredindo em nossa evolução sentimental, estaremos menos vulneráveis a essa traição. Por enquanto, a restrição amorosa coloca-nos primordialmente à busca do afeto, na posição de objeto, como cerne sentimental.

Amando pouco e mal, precisamos do amor egóico, o que nutre a vaidade, queremos ser amados, ter provas de amor, confirmar o *status* de importante para o sujeito do sentimento. Pensamos e sentimos muito mais como foco do que fonte de amor.

Na procura ansiosa, quando encontra a sedutora oferta de que será amado com fidelidade, com garantia afetiva eterna, o homem entrega-se, entra no enganoso conforto do amor divino.

À medida que ame mais e melhor, o ser humano irá mudando progressivamente esse panorama. Aprenderá a amar como sujeito da ação. Cada vez mais, será interessante para ele desempenhar o papel de fonte afetiva, estar empenhado em oferecer o sentimento.

O amor humano ampliado não exigirá comportamento fiel, exclusividade amorosa para o par, o filho, o sócio, amigo etc.

Nem haverá necessidade de atingir a etapa em que os cartazes e adesivos dirão: "o homem é fiel". O crachá seria outro, como o que encerra o livro.

Caso alguém inclua a fidelidade em seu relacionamento erótico, em sua amizade, será uma oferta sem compromisso, um detalhe dispensável, porque o sujeito de um afeto competente terá sempre o cuidado de não envaidecer o objeto do seu sentimento.

O bom amante não mais trairá o amado com a fidelidade perversa.

O amor se reinicia nesse fim.

amores humanos, traições divinas

Crachá de Reconhecimento da Etapa Amorosa

Recorte-o, preencha-o e cole-o em lugar visível...

PORTADOR DE DEFICIÊNCIA AMOROSA

Nome do leitor: ....

....

Degustando algumas obras, autores...

O gosto final dos recados transmitidos ao leitor é como uma fórmula gastronômica que dosa a base, os ingredientes, os temperos, compondo um conjunto a ser saboreado pelo gourmet.

A receita deste meu livro recebeu pitadas dos autores que, a seguir, estão alinhados em ordem alfabética, de acordo com os seus prenomes. Também acompanham os títulos das obras e empresa de publicação.

Toques e influências de muitos outros trabalhos estão amalgamados em minha memória, refletindo nas conexões mentais de modo inconsciente.

Parece que quanto mais leio e escrevo, as ligas de idéias e inspirações enriquecem-se, estimulando-me a novas iniciativas. Um dos melhores estímulos é o desejo de repensar o que já escrevi.

O leitor está convidado a compartilhar desses sabores e sugestões.

Alain de Botton. *Desejo de Status*. São Paulo: Rocco.
Alain de Botton. *O Movimento Romântico*. São Paulo: Rocco.
Alberto Goldin: *Amores Freudianos*. Rio de Janeiro: Nova Fronteira.
Alexander Lowen. *Amor e Orgasmo*. São Paulo: Summus
Alexandrian. *História da Literatura Erótica*. São Paulo: Rocco.
Alfred N. Whitehead (em Robert B. Cialdini). *Influence – Science and practice*. Allyn and Bacon.

André Comte-Sponville. *A felicidade, desesperadamente.* São Paulo: Martins Fontes.

André Comte-Sponville. *Bom Dia, Angústia!* São Paulo: Martins Fontes.

André Comte-Sponville. *Nomes de Deuses.* São Paulo: Unesp.

André Comte-Sponville. *O Amor a Solidão.* São Paulo: Martins Fontes.

André Comte-Sponville. *O Ser-Tempo.* São Paulo: Martins Fontes.

André Comte-Sponville: *Pequeno Tratado das Grandes Virtudes* São Paulo: Martins Fontes.

André Comte-Sponville. *Viver.* São Paulo: Martins Fontes

António Damázio. *Em Busca de Espinoza.* São Paulo: Companhia das Letras.

António Damázio em *Scientific American Brasil,* Edição Especial N.4.

Carlos R. Brandão: *Aprender o Amor.* São Paulo: Papirus

Catherine Bensaid e Jean-Yves Leloup. *O Essencial no Amor.* Petrópolis: Vozes.

Danah Zohar. *Inteligência Espiritual.* Rio de Janeiro: Record.

Daniel Goleman. *Inteligência Emocional.* São Paulo: Objetiva.

Eduardo Giannetti. *Felicidade.* São Paulo: Cia. das Letras.

Fernando Pessoa. *Poemas.* Rio de Janeiro: Nova Fronteira.

Franceso Alberoni. *Amizade.* São Paulo: Rocco.

Francesco Alberoni. *Enamoramento e Amor.* São Paulo: Rocco.

Francesco Alberoni. *O Erotismo.* São Paulo: Rocco.

Francesco Alberoni. *O Vôo Nupcial.* São Paulo: Rocco.

Friedrich Nietzsche. *Os Pensadores.* São Paulo: Nova Cultural.

Gabriel Chalita. *O Livro dos Amores.* São Paulo: Nacional

Georg Feuerstein. *A Sexualidade Sagrada.* São Paulo: Siciliano

Georg Simmel. *Filosofia do Amor.* São Paulo: Martins Fontes.

amores humanos, traições divinas

Guy Debord. *A Sociedade do Espetáculo*. São Paulo: Contraponto.

Helen Fisher. *Anatomia do Amor*. São Paulo: Eureka.

Helen Fisher. *Por que Amamos*. São Paulo: Record.

Jean-Yves Leloup. *O Romance de Maria Madalena*. Verus.

Joaquim Z. B. Motta. *Almas Mortais*. Átomo.

Joaquim Z. B. Motta. *Gol, Guerra e Gozo*. São Paulo: All Books.

Joaquim Z. B. Motta. *O Orgasmo Sentimental*. Campinas: Iglu.

John Rawls. O Liberalismo Político. São Paulo: Ática.

José Saramago. *O Evangelho Segundo Jesus Cristo*. São Paulo: Cia. das Letras.

José Saramago. *As intermitências da morte*. São Paulo: Caminho.

Joseph Campbell. *O Poder do Mito*. São Paulo: Palas Athena.

Jurandir F. Costa. A Fé entre dois mundos. Caderno Mais, *Folha de S. Paulo*.

Jurandir F. Costa. *Sem Fraude nem Favor*. São Paulo: Rocco.

Marcel Conche. *A Análise do Amor*. São Paulo: Martins Fontes.

Mario Quintana. *Poesia*. Porto Alegre: Globo.

Michel Onfray. *Traité d'athéologie*. São Paulo: Grasset.

Otto Kernberg. *Psicopatologia das Relações Amorosas*. São Paulo: Artes Médicas.

Pascal Bruckner. *A Euforia Perpétua – um dever de felicidade*. São Paulo: Difel Brasil.

Ricardo Cavalcanti. *A História Natural do Amor*. São Paulo: Gente.

Richard Dawkins. *O Gene Egoísta*. Itatiaia.

Robert Brown. *Analisando o Amor*. São Paulo: Papirus.

Robert C. Solomon. Espiritualidade para Céticos. São Paulo: Civilização Brasileira.

Roger-Pol Droit. *101 Experiências de Filosofia Cotidiana*. Rio de Janeiro: Sextante.

Roland Barthes. *Fragmentos de um Discurso Amoroso*. Rio de Janeiro: Francisco Alves.

Sidarta Ribeiro. *Viver Mente&Cérebro*. n° 141, outubro 2004 São Paulo: Duetto.

Stendhal. *Do Amor*. São Paulo: Martins Fontes.

Umberto Eco e Carlo M. Martini. *Em que crêem os que não crêem?* Rio de Janeiro: Record.

Zigmund Bauman. *Amor Líquido*. Rio de Janeiro: Jorge Zahar.